KB199507

실패하지 않는 창업, 상권부터 분석하라!

상권의 정석2

실패하지 않는 창업, 상권부터 분석하라!

상권의 정석2

초판 1쇄 인쇄 2025년 6월 5일
초판 1쇄 발행 2025년 6월 19일

지은이 정양주

발행인 백유미 조영석
발행처 (주)라온아시아
주소 서울특별시 서초구 방배로 180 스파크플러스 3F

등록 2016년 7월 5일 제 2016-000141호
전화 070-7600-8230   **팩스** 070-4754-2473

값 18,500원
ISBN 979-11-6958-213-1 (13320)

라온북은 독자 여러분의 소중한 원고를 기다리고 있습니다. (raonbook@raonasia.co.kr)

실패하지 않는 창업, 상권부터 분석하라!

상권의 정석2

"상권분석 안 하고 장사하세요?"

정양주 지음

사업 정리의
정석 수록!

상권 분석의 기초와
실전 프로세스,
예상 매출과 손익 분석 실무,
점포계약과 권리분석까지

사업의 시작부터
슬기로운 정리까지
상권 분석 핵심 노트!

RAON
BOOK

RAON
BOOK

실패하지 않기 위한 창업의 첫 단추, 상권 분석

"장사는 감이 아니라 계산입니다."

이 문장은 《상권의 정석》이 처음 출간됐을 때, 가장 많이 회자된 핵심 문장입니다. 많은 예비 창업자와 자영업자들이 '사람 많은 곳', '임대료가 싼 곳', '유명한 거리' 같은 막연한 기준만으로 점포를 선택하고, 예상과 다른 매출 구조에 부딪히며 빠르게 한계를 마주하는 현실. 《상권의 정석》은 그런 실패를 줄이기 위해 시작된 책이었습니다.

《상권의 정석》에서는 상권의 개념과 분석 구조, 예상 매출 추정, 입지 해석, 권리금 이해까지 창업 전 단계에서 필요한 실무적 내용을 제시했습니다. 실제로 출간 이후 창업 컨설팅, 상가 중개 실무, 지자체 정책 교육에서 폭넓게 활용돼왔고, 지금도 여전히 현장에서 살아있는 매뉴얼로 남아 있습니다.

하지만 세상은 빠르게 바뀌고 있습니다. 배달과 테이크아웃의 확산, 고객의 동선 단축, 자산 투자로서의 상가 가치 하락, 소형 매장 선호, 실시간 리뷰의 입지 영향을 고려할 때, 상권은 더 이상 '고정된 거리'가 아니라 '변화하는 고객의 흐름'입니다. 이제는 창업뿐 아니라, 유지와 변화, 그리고 정리까지를 아우르는 '생애주기형 상권 전략'이 필요한 시점입니다.

여러분은 이제 단순한 '창업자'가 아닌 '비즈니스 생애주기 관리자'로서의 역할을 준비해야 합니다. 《상권의 정석2》는 그 여정의 든든한 길잡이가 될 것입니다.

☑ 2편의 네 가지 변화 방향

기초에서 실전까지, 단계별 적용 가능한 구조

이제 단순히 "상권이란 무엇인가"에서 멈추지 않습니다. 'TG-집객시설-배후 세대 분석법, 예상 매출 공식, 투자회수율 시뮬레이션, 감가상각 기반 권리금 분석' 등 창업 전후 전체 과정에서 바로 활용 가능한 실전 기법 중심으로 구성했습니다.

'상권=고객'이라는 관점 전환

상권을 공간으로 보던 시대는 끝났습니다. 이제 상권은 곧 고객군의 소비 가능성과 동선의 조합입니다. 단순 유동이 아니라 '누가, 왜, 얼마나 오래 머무는가'를 분석하는 데이터 기반 고객 상권 분석법으로 구조를 바꿨습니다.

창업자뿐 아니라 실무자도 사용하는 책

2편은 예비 창업자뿐 아니라 창업 컨설턴트, 상가 중개인, 정책 설계자까지 활용할 수 있도록 제작되었습니다. 상권 지도 작성법, 매출 시뮬레이션 표, 권리금 프레임워크, 보고서 양식 등을 함께 구성하여, 실무에서 바로 사용할 수 있게 했습니다.

데이터와 현장감의 통합

시장 데이터만으로 판단하지 않고, 현장을 발로 뛰는 감각과 결합된 판단 기준을 담았습니다. 지도 위 수치만 보는 것이 아니라, '사람의 눈으로 해석하는 데이터 상권 분석법'을 강조했습니다.

☑ 2편의 핵심 확장 : 정리도 전략이다

이번 2편에서 가장 중요한 변화는 제7장 '사업 정리의 정석'의 신설입니다. 장사가 잘되게 돕는 것만큼이나, 망하지 않게 정리할 수 있도록 돕는 것이 상권 분석의 또 다른 역할입니다.

이제는 "어디에 창업할 것인가?" 못지않게 "언제 나와야 손해를 덜 볼 수 있는가?", "지금 권리금을 받고 나가는 게 맞는가?", "폐업비용을 줄이는 법은 무엇인가?"라는 질문이 중요해졌습니다.

희망리턴패키지, 서울시 폐업지원사업, 권리금 회수 전략, 철거 시뮬레이션, 프랜차이즈 해지 조건 분석, 점포 진단표 등 단순히 창업을 위한 책이 아니라, 사업 정리를 설계할 수 있는 책으로 확장하였습니다.

정리는 실패가 아닙니다. 그것은 다음 도전을 준비하기 위한 전략적 퇴각이며, '언제, 어떻게 빠질 것인가'까지 판단할 수 있을 때 비로소 완전한 상권 전략이 됩니다.

여러분의 사업이 10년, 20년 지속되든, 또는 1~2년 만에 전환점을 맞이하든, 이 책은 모든 단계에서 여러분의 현명한 의사결정을 도울 것입니다. 창업의 설렘만큼이나 정리의 순간에도 함께하는 조언자로서, 이 책이 여러분의 비즈니스 여정 전체를 책임지겠습니다.

이 책은 더 이상 '감'으로 창업하지 않기 위한 매뉴얼을 넘어, 정확한 타이밍에 시작하고, 제대로 정리할 수 있도록 돕는 상권 분석의 정석을 담고 있습니다.

창업의 시작과 사업의 정리, 그 전 과정을 함께하는 이 한 권이 누군가의 생존을 돕고, 다음 도전을 설계하는 계기가 되기를 진심으로 바랍니다.

정양주

차 례

프롤로그 실패하지 않기 위한 창업의 첫 단추, 상권 분석   ·004

1장

실패하지 않는 창업은 상권 분석에서 시작된다

1. 상권을 모르면 손해부터 시작된다   ·17
2. 콩코드 오류와 매몰비용의 함정   ·22
3. 상권은 고객이다 : 고객 유형과 소비 흐름   ·27
4. 창업 전에도, 운영 중에도 상권 분석은 계속되어야 한다   ·32

2장

상권 분석의 기초와 실전 프로세스

1. 상권의 구조와 유형 : TG, 집객시설, 배후 세대   ·41
2. 입지 분석의 3요소 : 접근성·가시성·독점세대   ·46
3. 사전 조사 vs 현장조사 : 상권도 작성법   ·51
4. 경쟁점 분석의 실제 : 수요·공급의 전투   ·56
5. 유동인구 데이터 분석법 : 수집에서 해석까지   ·61
6. 상권단절 요인 찾기   ·66

제3장

예상 매출과 손익 분석 실무

1. 매출 추정의 공식 : 유동×내점률×객단가 ·73
2. 손익분기점 계산과 타당성 판단 ·78
3. 사업계획에 반영할 수치화 기준 ·83
4. 실제 매출 추정 사례와 시뮬레이션 ·88
5. 투자 회수율(ROI) 관점의 상권 해석 ·93

4장

점포계약과 권리분석

1. 권리금의 3요소 : 바닥권리금·시설권리금·영업권리금 ·101
2. 권리금 감가상각법 적용 실무 ·106
3. 임대차 계약서 분석 포인트 ·110
4. 상가임대차보호법과 권리금 ·113
5. 재개발지 / 위험 입지 대응 전략 ·117
6. 매물 브랜딩과 가격 협상법 ·121

5장

업종별 상권전략

1. 카페 ·129
2. 베이커리·디저트 ·134
3. 일반음식점 ·138
4. 병의원/학원 ·142
5. 트렌드 업종 분석 : 셀프미용, 하비프러너 등 ·146

6장

디지털 상권 분석과 스마트전환

1. 소상공인365 실전 활용법 ·153
2. 오픈업 상권 분석시스템 실전 활용법 ·158
3. AI 기반 유동인구 예측 사례 ·162
4. 스마트상점·무인매장과 상권 변화 ·166
5. SNS 브랜딩과 상권 영향력 확장 ·171

7장

사업 정리의 정석

1. 왜 사업 정리를 전략적으로 준비해야 하는가? ·179
2. 점포 폐업 vs 점포 양수도 : 무엇이 더 유리한가? ·183
3. 점포 양수도 실전 전략 ·188
4. 폐업을 위한 제도 활용 전략 ·198
5. 점포 유형별 정리 전략 (계약·시설·가맹 조건 중심) ·202
6. 폐업 이후 재기 전략 ·208
7. 정리 시점 판단과 타이밍 진단 ·213

에필로그 상권은 결국 사람 이야기다 ·218

1장

실패하지 않는 창업은
상권 분석에서 시작된다

상권을 모르면
손해부터 시작된다

☑ 500만 원 예상했는데 300만 원밖에 못 버는
이유

창업을 준비하면서 매출 500만 원을 예상했는데, 막상 장
사를 시작하고 보니 300만 원도 채 못 버는 경우가 허다하
다. 왜 이런 일이 생기는 걸까? 이유는 간단하다. 상권을 제
대로 분석하지 않고, 단순히 사람만 많아 보이는 곳을 선택
했기 때문이다. '유동인구가 많으면 잘 되겠지' 하는 막연한
기대는 실패로 이어질 가능성이 높다. 상권의 본질은 '내 업
종에 맞는 고객'이 얼마나 있느냐에 달려 있다.

A씨는 점심시간마다 사람들이 북적이는 오피스 상권에 분식집을 열었다. 하지만 이 지역 직장인들은 1만 원 이상 식사를 선호했고, 5천 원짜리 분식은 외면받았다. 결국, 예상 매출은커녕 고정비도 감당하지 못했다.

☑ 상권을 과대평가하면 손해가 시작된다

장사가 안 되는 이유를 외부에서만 찾으려 하면 답이 보이지 않는다. 오히려 처음부터 상권의 규모와 업종 적합성을 정확히 판단했어야 한다. 특정 상권이 아무리 크고 화려해 보여도, 내 업종과 맞지 않으면 오히려 독이 된다.

B씨는 대형 상권의 한복판에 작은 커피 매장을 열었다. 그러나 주변은 이미 대형 프랜차이즈 카페로 포화 상태였고, 고객들은 브랜드를 선호했다. B씨의 매장은 개점 6개월 만에 폐업했다.

☑ '고정비'와 싸움을 시작하기 전에

점포를 얻는 순간부터 매달 고정비(임대료, 관리비, 인건비)가 빠져 나간다. 매출이 나오지 않아도, 고정비는 기다려주지 않는다. 따라서 상권 분석은 고정비를 방어하기 위한 가장 기본적인 준비다.

✧ 예시

C씨는 임대료가 싼 골목상권을 선택했지만, 유입 고객이 너무 적어 매출이 고정비를 커버하지 못했다. 한 달에 100만 원을 아끼려고 한 선택이, 결국 매달 300만 원의 적자를 불러왔다.

☑ 상권 분석 없이 창업하면 생기는 착각

"오픈만 하면 손님은 오겠지."

"홍보만 잘하면 살아남을 수 있을 거야."

하지만 이 기대는 대부분 착각이다. 상권 자체에 수요가 없다면, 어떤 마케팅도 근본적인 해결이 되지 않는다. 상권을 제대로 분석하지 않은 채 창업에 나서는 것은, 무기를 들지 않고 전장에 나서는 것과 같다.

D씨는 SNS 마케팅을 통해 매장을 알리려 했지만, 해당 상권 자체가 SNS 이용층과 거리가 멀었다. 결국, 비용만 쓰고 매출은 오르지 않았다.

☑ 상권은 업종과 고객에 따라 다르게 보인다

같은 상권이라도 업종에 따라 전혀 다르게 작용한다. 베이커리에는 좋은 상권이, 의류점에는 나쁠 수도 있다. 그래서 '좋은 상권'이란 내 업종과 타깃 고객에 맞춘 상대적인 개념이다.

✧ 예시

E씨는 주택가 상권에서 고급 레스토랑을 운영하려 했지만, 주변 소비자들은 외식비용에 보수적이었다. 결국, 저가형 패밀리 레스토랑이 들어온 뒤 장사가 더 잘되는 상황을 지켜볼 수밖에 없었다.

핵심 정리

1. 예상 매출과 실제 매출 차이는 상권 분석 미흡 때문인 경우가 많다.
2. 사람 수가 아니라 내 업종에 맞는 고객 수를 봐야 한다.
3. 상권 크기보다 내 업종에 적합한지가 중요하다.
4. 고정비를 이기기 위해선 상권과 업종 궁합을 사전에 점검해야 한다.
5. '좋은 상권'은 업종과 고객에 따라 상대적으로 다르게 정의된다.

콩코드 오류와
매몰비용의 함정

잘못된 판단을 인정하지 못하면 손해가 커진다. 초기 분석 오류를 빠르게 수정하는 것이 핵심이다.

☑ 콩코드 오류란 무엇인가?

'콩코드 오류(Concorde Fallacy)'는 잘못된 판단을 알면서도 이미 투자한 시간과 비용 때문에 계속 밀어붙이는 심리를 말한다. 콩코드 여객기는 경제성이 없다는 사실이 밝혀졌음에도, 막대한 개발비를 고려해 생산을 강행했다. 결과는 참담한 실패였다.

창업도 마찬가지다. 상권과 업종 선택이 잘못됐음을 인지하고도, '여기까지 온 게 아까워서' 버티다 큰 손해를 보는 경우가 많다.

F씨는 장사가 잘되지 않는 상가에 5천만 원을 투자했다. 손해를 인정하지 못하고 1년을 버텼지만, 결국 1억 원 넘는 손실을 입었다. 초기에 철수했다면 피해를 절반 이하로 줄일 수 있었다.

☑ 초기 분석 오류를 인정해야 산다

상권 분석은 완벽할 수 없다. 초기 분석이 틀릴 수도 있다. 중요한 것은 오류를 빨리 발견하고 인정하는 것이다. '설마', '조금만 버티면' 같은 막연한 기대는 상황을 악화시킬 뿐이다.

G씨는 예상보다 유동인구가 적은 상권에 헬스장을 오픈했다. 3개월 동안 가입자가 목표 대비 50%에 불과했지만,

'곧 나아질 거야'라며 마케팅 비용만 추가했다. 결국, 비용만 늘어나고 상황은 변하지 않았다.

☑ 매몰비용은 잊어야 한다

매몰비용(Sunk Cost)은 이미 지출해서 돌이킬 수 없는 비용이다. 창업에서는 인테리어비, 권리금, 마케팅비 등이 대표적이다. 매몰비용에 집착하면, 이성적 판단을 못 하게 된다. 앞으로 더 큰 손실을 막기 위해서는 과감하게 결정을 내려야 한다.

✦ 예시

H씨는 2천만 원짜리 인테리어 비용이 아까워 매장을 접지 못했다. 하지만 이후 6개월간 누적된 적자는 인테리어비의 5배에 달했다. 초기에 매몰비용을 과감히 무시했다면 훨씬 빨리 재기할 수 있었다.

☑ 회복 불가능한 지점을 넘기기 전에

손실이 발생했을 때 가장 경계해야 할 것은 '회복 불가능한 지점'이다. 적자가 누적되기 시작하면, 가게를 정리할 기

회마저 사라질 수 있다. 초기 손실은 감내할 수 있지만, 늦어
질수록 탈출구는 좁아진다.

I씨는 6개월 연속 적자가 나면서 권리금 없이 가게를 넘
기려 했다. 하지만 상권 평판이 나빠져 매수자조차 찾기 힘
들어졌다. 적절한 시점에 정리하지 못하면 기회비용이 눈덩
이처럼 불어난다.

☑ 상권 분석은 '수정'까지 포함한다

진짜 상권 분석은 '오류를 인정하고 수정하는 과정'까지
포함된다. 처음 분석이 틀릴 수도 있다는 전제를 깔고 시작
해야 한다. 시장의 변화를 민감하게 감지하고, 빠르게 대응
하는 것이 생존의 조건이다.

J씨는 오픈 두 달 만에 예상 고객층이 다르다는 걸 알아차
리고, 메뉴와 마케팅 전략을 과감히 수정했다. 결국, 3개월
만에 흑자 전환에 성공했다.

핵심 정리

1. 콩코드 오류는 이미 투자한 비용에 집착해 손실을 키우는 심리다.

2. 상권 분석 오류를 빠르게 인정하고 수정하는 것이 중요하다.

3. 매몰비용은 잊고, 미래 이익을 기준으로 판단해야 한다.

4. 회복 불가능한 지점을 넘기기 전에 결단해야 한다.

5. 상권 분석은 '수정'을 포함하는 살아 있는 과정이다.

상권은 고객이다
: 고객 유형과 소비 흐름

상권은 곧 고객 집합체다. 연령대, 소비패턴, 방문목적별로 고객을 세분화해 파악해야 한다.

☑ 상권을 고객 집합체로 바라보라

상권은 단순한 공간이 아니다. 그 공간을 채우는 '사람'이 곧 상권이다. 유동인구 숫자만 보는 것은 상권 분석의 절반에 불과하다. 어떤 고객이, 어떤 목적을 가지고, 어떤 소비를 하러 오는지 구체적으로 파악해야 상권의 진짜 가치를 알 수 있다.

K씨는 유동인구 10만 명의 대형 상권에 의류 매장을 열었지만, 방문객 대부분이 10대 청소년이었고, 고급 여성복은 팔리지 않았다. 결국, 3개월 만에 방향 전환을 고민해야 했다.

☑ 고객 연령대별 소비 패턴을 읽어라

20대와 40대는 같은 공간에서도 전혀 다른 소비를 한다. 20대는 트렌드와 재미를, 30대는 실용성을, 40대 이상은 안정성과 가성비를 중시한다. 연령별 소비 성향을 무시하면, 매장은 '유동인구는 많은데 매출은 안 나오는' 상황에 빠진다.

L씨는 40대 직장인이 많은 오피스 상권에 트렌디한 길거리 패션 매장을 열었다. 결국, 타깃층과 맞지 않아, 1년 동안 매출 부진에 시달렸다.

☑ 고객의 방문 목적을 분석하라

고객이 단순 통과자인지, 목적 방문자인지에 따라 상권의 가치가 달라진다.

- **쇼핑·외식·문화시설 이용 목적 방문** : 소비 가능성 높음
- **단순 이동(통근·통학)** : 소비 가능성 낮음

방문 목적이 분명한 상권이 창업 성공 확률이 높다.

❖ 예시

M씨는 하루 수만 명이 오가는 역세권 상권에 푸드 코트를 열었지만, 대부분이 지하철 환승객이었고, 실제 소비자는 기대보다 훨씬 적었다.

☑ 고객의 체류 시간과 동선을 체크하라

고객이 머무는 시간과 동선도 상권 분석의 핵심이다.

- **체류 시간이 긴 상권** : 카페, 식당, 미용실 등에 유리
- **체류 시간이 짧은 상권** : 테이크아웃, 간편 소비 업종에 적합

고객 동선을 따라 매장 입지를 잡아야 매출을 기대할 수 있다.

N씨는 쇼핑몰 안 깊숙한 위치에 테이크아웃 커피숍을 열었지만, 주요 고객 동선에서 벗어나 있어 유입률이 현저히 낮았다.

☑ 고객 세분화로 상권의 본질을 꿰뚫어라

같은 상권이라도 다양한 고객군이 섞여 있다.

- **주거 상권** : 주민 고객 중심
- **오피스 상권** : 직장인 고객 중심
- **관광 상권** : 단기 방문객 중심

이를 세분화해 주요 타깃을 명확히 해야 상권 전략이 성공한다.

O씨는 관광지 주변에서 현지 주민 대상으로 가격대를 맞춘 식당을 운영했지만, 실제 상권은 외지 관광객 위주였고, 기대한 매출을 얻지 못했다.

핵심 정리

1. 상권은 고객 집합체다. 고객을 이해해야 상권을 이해할 수 있다.
2. 단순 유동인구 숫자가 아니라, 연령대·소비패턴·방문목적을 분석해야
   한다.
3. 체류 시간과 동선을 체크해 업종과 입지를 결정해야 한다.
4. 상권 내 주요 고객군을 세분화하고 타깃팅 전략을 세워야 성공 확률이
   높아진다.

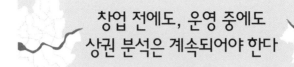

창업 전에도, 운영 중에도
상권 분석은 계속되어야 한다

상권은 변한다. 주기적인 재분석과 트렌드 점검이 매출 유지와 성장에 필수다.

☑ 상권은 변하는 생물이다

상권은 고정된 것이 아니다. 유동인구, 고객층, 소비 트렌드, 인근 개발 계획 등 다양한 요인에 따라 끊임없이 변한다. 창업 전 한 번 분석했다고 해서, 영원히 유효한 건 아니다. "상권은 살아 있다"라는 관점으로 주기적인 점검과 재해석이 필요하다.

P씨는 오픈 당시 주변에 대형 쇼핑몰이 없어 안정적인 매출을 올렸지만, 2년 뒤 대형 복합몰이 인근에 생기면서 고객이 대거 빠져나갔다. 상권 변화에 대비하지 못해 매출이 반토막 났다.

☑ 운영 중에도 상권 모니터링은 필수다

상권 변화는 점진적으로 찾아온다. 이상 징후를 조기에 포착하면 대응할 수 있지만, 변화를 무시하면 늦게 깨닫고 손해를 볼 수 있다. 운영 중에도 유동인구, 매출 추이, 경쟁점 변동 등을 꾸준히 모니터링해야 한다.

Q씨는 주변 소형 오피스 건물들이 폐업하며 유동인구가 줄었는데도, 상황을 늦게 인식해 6개월 뒤에야 대응 방안을 찾기 시작했다. 초기 대응이 늦어져 타격이 컸다.

☑ 트렌드 변화에도 민감해야 한다

고객의 소비 트렌드 변화 역시 상권에 큰 영향을 미친다.

- **과거** : 대형마트 전성기 → **현재** : 온라인 쇼핑 확산
- **과거** : 오프라인 외식 중심 → **현재** : 배달·테이크아웃 증가

트렌드를 읽지 못하면 상권 내 입지 가치가 급락할 수 있다.

✧ 예시

R씨는 오프라인 매장 위주로 운영했지만, 주변 상권 소비가 빠르게 배달 중심으로 이동하면서 매출이 급감했다. 결국, 배달 서비스 도입을 통해 겨우 회복할 수 있었다.

☑ 상권 변화는 위기이자 기회다

상권이 변한다고 해서 무조건 부정적인 것은 아니다. 변화를 먼저 읽고, 빠르게 적응하면 오히려 성장 기회가 될 수 있다.

상권 변화에 따른 업종 전환, 리뉴얼, 홍보 전략 수정 등을 적극 검토해야 한다.

S씨는 주변에 대학 캠퍼스가 들어오자, 기존 중장년층 대상 매장에서 젊은 층 타깃 매장으로 리뉴얼해 매출을 2배 이상 끌어올렸다.

☑ 상권 분석은 시작이 아니라 과정이다

상권 분석은 창업 준비 단계에서만 필요한 게 아니다. 운영 전반에 걸쳐 반복되고 업데이트되어야 한다. 시장 환경은 바뀌고, 소비자도 변한다. 살아 있는 분석을 지속할 때, 상권 변화 속에서도 살아남을 수 있다.

T씨는 주기적으로 상권분석을 실시하고, 그 결과를 바탕으로 메뉴와 가격 정책을 조정했다. 덕분에 주변 경쟁이 심해지는 상황에서도 안정적으로 매출을 유지했다.

핵심 정리

1. 상권은 고정된 것이 아니라 끊임없이 변화하는 생물이다.
2. 창업 전뿐만 아니라, 운영 중에도 상권 변화를 지속적으로 모니터링해야 한다.
3. 유동인구, 소비 트렌드, 경쟁 상황 등을 주기적으로 점검하고 대응 전략을 세워야 한다.
4. 상권 변화는 위기가 될 수도, 기회가 될 수도 있다.
5. 살아 있는 상권 분석만이 지속 가능한 매출을 만든다.

2장

상권 분석의 기초와
실전 프로세스

상권의 구조와 유형
: TG, 집객시설, 배후 세대

주요 동선(TG), 집객시설, 배후 세대 조합으로 상권을 분류하고, 고객 이동 흐름을 분석한다.

☑ 상권은 '흐름과 집합'으로 구성된다

상권은 공간이 아니라 사람의 흐름으로 만들어진다. 고객이 이동하고, 머물고, 소비하는 동선의 구조를 분석해야 한다. 이때 핵심은 세 가지 요소다.

① TG(유입 동선)

② 집객시설(모이는 장소)

③ 배후 세대(지속 수요)

이 세 가지 조합이 상권의 성격을 결정짓는다.

U씨는 주택가만 보고 카페를 창업했지만, 실제로는 주요 TG가 대형마트 방향이라 사람들이 가게 앞을 거의 지나치지 않았다. TG 흐름을 고려하지 않은 창업은 '존재하지 않는 상권'에 들어선 것이나 다름없다.

☑ TG(Traffic Generator) : 유입 동선을 먼저 보라

TG는 '고객이 유입되는 경로'다. 지하철역, 버스정류장, 횡단보도, 주차장 출입구, 큰길 등에서 사람들이 어디로 흘러들어오는지를 먼저 파악해야 한다. TG를 정확히 읽지 못하면, 상권 중심이 아니라 사각지대에 들어설 수 있다.

V씨는 대형역세권에 점포를 얻었지만, 출입구에서 벽면 뒤쪽이라 주요 TG 동선에서 완전히 벗어나 있었다. 결국, 1층에 있어도 '보이지 않는 가게'가 되고 말았다.

☑ 집객시설 : 고객이 모이는 중심

상권에서 고객이 '자발적으로 모이는 장소'가 집객시설이다.

대형마트, 스타벅스, 병원, 학교, 프랜차이즈 매장, 영화관 등은 고객의 체류 시간을 유도하고, 인근 점포에도 영향을 준다. 집객시설을 중심으로 반경을 설정해 상권의 중심부와 주변부를 구분해야 한다.

◇ 예시

W씨는 대학가 상권에 편의점을 열었는데, 바로 옆에 있는 유명 떡볶이 매장이 집객 효과를 만들어 매장 유입이 30% 이상 증가했다. 의도하지 않은 '집객시설 근접효과'를 누린 사례다.

☑ 배후 세대 : 안정적 수요의 핵심

배후 세대는 말 그대로 상권 뒤에 있는 고정 수요층이다. 주택가, 오피스 빌딩, 아파트 단지, 공장지대 등이 이에 해당한다.

배후 세대는 상권의 기초 체력이다. 관계 중심 업종(미용실, 병·의원, 학원 등)은 배후 세대가 얼마나 탄탄한지가 성패를 좌우한다.

✧ 예시

X씨는 유입 동선은 부족했지만, 아파트 1,500세대에 인접한 입지에 생활밀착형 약국을 오픈해 꾸준한 매출을 유지하고 있다. 배후 세대 중심의 전략이 통한 사례다.

☑ 상권은 이 3요소의 조합이다

TG, 집객시설, 배후 세대는 상권의 기본 구성요소다. 이 세 가지를 각각 따로가 아니라, 어떻게 조합되어 작용하는지를 보는 게 중요하다. 예를 들어, TG는 강하지만 집객시설이 없으면 체류 시간이 짧다. 배후 세대는 탄탄한데 TG가 부족하면 신규 고객 유입이 어렵다. 균형 잡힌 상권 구조가 안정적인 매출을 만든다.

✧ 예시

Y씨는 유입 동선과 집객시설만 보고 창업했지만, 배후 세대가 부족한 상권이라 고정 매출이 불안정했고, 결국 SNS

광고에 과도하게 의존하게 됐다.

핵심 정리

1. 상권은 TG(유입 동선), 집객시설, 배후 세대의 조합으로 분석해야 한다.
2. TG는 사람들이 어떻게 상권으로 들어오는지를 설명해준다.
3. 집객시설은 고객을 모으고, 체류 시간을 늘려주는 핵심 거점이다.
4. 배후 세대는 상권의 안정성과 반복 방문을 책임지는 기반이다.
5. 세 요소의 균형과 흐름을 파악해야 매출 구조가 예측 가능해진다.

입지 분석의 3요소
: 접근성·가시성·독점세대

좋은 입지는 접근성, 가시성, 독점성 세 가지 기준으로 평가해야 한다.

☑ 입지는 '들어오는 길'과 '보이는 자리'에서 결정된다

입지는 단순히 위치가 아니라 접근성과 가시성, 독점성이라는 3요소의 결합이다. 상권이 아무리 좋아도, 입지가 나쁘면 매출은 제한된다. 즉, 상권은 가능성, 입지는 성과를 좌우하는 현실이다. 창업자는 이 세 가지 기준으로 점포의 입지를 철저하게 평가해야 한다.

Z씨는 번화한 상권 내 2층 매장을 선택했지만, 계단이 구석에 있어 유입이 거의 없었다. '상권만 보고' 입지를 결정한 결과였다.

☑ 접근성 : 사람들이 '쉽게 올 수 있는가?'

접근성은 고객이 매장을 편하게 찾고 들어올 수 있는가에 대한 지표다. 주요 TG(유입 동선)에서 얼마나 가까운지, 보행 이동이 자연스러운지, 차량 접근은 쉬운지 등을 점검해야 한다. 특히 노인층·가족 단위 대상 업종일수록 접근성은 매출과 직결된다.

✧ 예시

A씨는 버스 정류장에서 불과 50m 거리였지만, 횡단보도 하나를 건너야 했고 건물 뒤편이라 유입률이 급감했다. 접근이 불편하면, 거리보다도 훨씬 멀게 느껴진다.

☑ 가시성 : 매장이 '눈에 잘 띄는가?'

가시성은 점포가 고객의 시선에 잘 들어오는가에 대한 평가다. 1층, 코너, 큰 간판, 유리 파사드, 주변 시야 개방 여부 등이 핵심 요소다. 아무리 매장이 잘되어 있어도, 고객이 인지하지 못하면 존재하지 않는 것과 마찬가지다.

◇ 예시

B씨는 간판이 없고 건물 안쪽에 들어간 매장을 운영했는데, 30% 이상이 "그런 매장이 있는지 몰랐다"라고 응답했다. '인지되지 않는 매장'은 유입의 출발점조차 만들지 못한다.

☑ 독점세대 : 이 고객은 나밖에 못 잡는다

독점세대는 특정 업종·입지에 대해 경쟁 없이 확보할 수 있는 고객층을 의미한다. 가장 가까운 경쟁점과의 거리, 고객의 선택권 유무가 주요 기준이다. 특히 골목상권이나 신규 주거지에선 독점성이 가장 강력한 경쟁력이다.

◇ 예시

C씨는 신도시 아파트 단지 앞에 단독 카페를 열었다. 경쟁 매장이 500m 이상 떨어져 있었고, 주민 1,000세대를 독

점하며 높은 객단가와 재방문율을 기록했다.

☑ 이 3요소는 함께 평가되어야 한다

입지는 세 가지 요소 중 하나만 좋아선 부족하다.

접근성은 좋지만 가시성이 떨어지면 유입률이 낮아지고, 가시성은 좋아도 경쟁이 많으면 독점성이 사라진다. 세 가지 요소를 종합적으로 분석해, 입지의 현실적인 매출 잠재력을 가늠해야 한다.

◇ 예시

D씨는 1층 코너의 가시성 좋은 입지를 선택했지만, 골목 내부이고 배후 세대가 적어 유입이 제한됐다. '좋은 자리'는 늘 '좋은 입지'가 아니라는 걸 실감한 사례다.

핵심 정리

1. 좋은 입지는 접근성·가시성·독점성 세 가지 기준으로 평가된다.
2. 접근성은 고객이 얼마나 쉽게 매장에 올 수 있는지를 판단하는 기준이다.
3. 가시성은 매장이 고객 눈에 잘 띄고 인지될 수 있는지를 의미한다.
4. 독점세대는 경쟁 없이 우리 매장을 선택할 가능성이 높은 고정 수요층이다.
5. 입지 평가는 이 세 요소를 통합적으로 판단할 때 정확해진다.

사전 조사 vs 현장조사
: 상권도 작성법

데스크 조사로 틀을 잡고, 현장조사로 체감 데이터를 수집하여 상권 지도를 완성한다.

☑ 상권 분석은 '지도'를 만드는 일이다

상권 분석은 추상적인 개념이 아니다. 눈에 보이는 지도 형태로 구조화할 수 있어야 한다. 좋은 상권도는 유입 동선(TG), 집객 시설, 배후 세대, 경쟁점, 공실, 고객 동선 등 현장의 핵심 요소가 한눈에 드러나는 도구다. 이를 위해선 '사전 조사 → 현장조사 → 상권도 작성'이라는 세 단계가 필요하다.

E씨는 네이버지도만 보고 입지를 결정했다가, 실제로 가 보니 길 건너편으로 유입이 몰리고 자리는 음지였다. 지도 는 텍스트가 아닌 '현장감'으로 완성되어야 한다.

☑ 사전 조사 : 구조 파악과 1차 거름망

사전 조사는 데스크 리서치를 통해 상권의 기본 구조와 잠재성을 추리는 단계다.

상권정보시스템, 부동산 플랫폼, 네이버 거리뷰, 인구통 계 및 교통 데이터 등을 활용해 접근성, 배후 세대 수, 경쟁 점포 분포, 유동 가능성을 파악한다.

F씨는 사전 조사를 통해 3개 후보지를 비교했고, 이 중 유 동·주차·경쟁 밀도가 가장 균형 잡힌 A지역을 우선 점검 대 상으로 선택했다.

☑ 현장조사 : 체감 유동과 고객 동선 확인

현장조사는 사전 조사에서 걸러낸 후보지를 직접 눈으로 보고, 발로 확인하는 과정이다.

주요 TG 위치 및 방향, 시간대별 유동 흐름, 고객 성별·연령 분포, 공실률과 임대 시세, 상가 분위기와 환경 요인 등을 실제로 관찰·기록한다.

❖ 예시

G씨는 평일 오전과 주말 오후 2회 현장조사를 통해, 상권 내 유동인구의 70%가 40대 여성이라는 사실을 파악하고 상품군과 홍보 전략을 수정했다.

☑ 상권도 작성 : 관찰 결과를 '지도화'한다

좋은 상권도는 정보가 아니라 전략을 담는 지도다.

지도 위에 주요 유입 동선 표시 (→), TG 기점(지하철역, 버스 정류장 등), 경쟁 점포, 공실, 유동 흐름 메모, 집객시설 및 주요 건물 배치, 배후 세대(아파트, 오피스, 학교 등) 등 전략 요소를 시각화하면, 입지 판단의 오류를 줄이고 내부 공유도 쉬워진다.

H씨는 직접 작성한 상권도를 들고 투자자를 설득했고, 구체적인 전략 근거가 있다는 점에서 신뢰를 얻었다.

☑ 두 조사는 '보완재'다

사전 조사와 현장조사는 어느 하나가 더 중요하다는 문제가 아니다. 사전 조사는 방향을 잡아주고, 현장조사는 맥을 짚어 준다. 사전 조사 없이 현장을 가면 무의미한 걷기고, 현장조사 없이 온라인 정보만 보면 오판의 위험이 크다. 둘을 함께 활용해야 정확하고 설득력 있는 상권 분석이 완성된다.

I씨는 사전 조사로 유동이 많아 보였던 지역을 선택했지만, 현장에서 보니 이동 동선이 매장 반대편이었다. 현장 확인이 없었다면 수천만 원의 투자 실수를 할 뻔했다.

핵심 정리

1. 상권 분석은 사전 조사와 현장조사를 병행해야 정확도가 올라간다.

2. 사전 조사는 상권 구조와 가능성을 파악하는 1차 필터다.

3. 현장조사는 체감 유동과 동선, 분위기 등 실제 감각 데이터를 수집한다.

4. 상권도는 분석 내용을 시각적으로 구조화한 전략 도구다.

5. 상권전략 없이 창업하면 방향 없는 항해와 같다.

경쟁점 분석의 실제
: 수요·공급의 전투

경쟁점 위치, 매출 수준, 차별화 포인트를 파악해 우리 점포의 시장 포지셔닝을 잡는다.

☑ 경쟁이 나쁜 것이 아니다, '과잉'이 문제다

많은 창업자가 "여기 주변에 가게가 너무 많아요"라며 입지를 피하려 한다. 하지만 중요한 건 단순 숫자가 아니라 수요에 비해 공급이 과잉인지 여부다. 오히려 경쟁이 적정하면 유입이 몰리고 시장이 활성화된다. 문제는 이미 포화되었거나, 우리만 차별성이 없는 경우다.

J씨는 5개의 카페가 있는 지역에 6번째로 입점했지만, 유일하게 테라스와 어린이 놀이 존이 있어 가족 단위 수요를 독점하며 안착했다.

☑ 경쟁점 위치와 동선을 지도에 표시하라

경쟁점은 지도 위에 위치를 표시해야 분석이 시작된다.

- 주요 TG와의 거리
- 집객시설과의 거리
- 우리 점포와의 상대 위치
- 상권 주동선(주고객 흐름) 상의 입지 여부

이런 요소를 시각화하면, 우리가 어디에서 승부를 봐야 하는지가 보인다.

K씨는 경쟁 편의점 2곳이 대로변 한쪽에 몰려 있다는 걸 보고, 반대편 교차점에 입점해 '대각선 독점 수요'를 선점했다.

☑ 경쟁점의 매출 수준과 운영력도 판단하라

겉보기에는 비슷해 보여도, 운영 수준에 따라 경쟁 강도는 다르다.

- 매장 컨디션 (노후화 여부, 청결도)
- 상품 구성 및 가격대
- 점주 운영 태도
- 고객층 충성도

실제 매출을 알 수 없다면, '점포 규모×회전율×객단가'로 유추해보는 것도 한 방법이다.

✧ 예시

L씨는 경쟁 디저트 가게가 외관은 멀쩡하지만, 내부가 노후되고 서비스가 불친절하다는 걸 확인하고, 프리미엄 서비스 전략으로 차별화해 고객을 유입시켰다.

☑ 우리가 가진 차별화는 무엇인가?

경쟁점 분석의 목적은 피하는 것이 아니라 차별화 전략을 세우기 위한 것이다.

- 상품 구성의 틈새

- 가격대 차이

- 서비스 운영 방식

- 타깃 고객군의 미충족 수요

이 네 가지 관점에서 경쟁과의 차별 포인트를 찾아야 한다.

✧ 예시

M씨는 상권 내 대부분이 2030 남성 타깃이라는 점을 파악하고, 40대 여성 고객을 겨냥한 고급 홈카페 컨셉으로 접근해 입소문을 유도했다.

☑ 경쟁 분석 없이는 포지셔닝이 불가능하다

상권 내 경쟁을 분석하지 않으면, 우리는 어디에 서 있는지도 모른 채 장사를 시작하는 셈이다. 경쟁점 분석은 곧 시장 내 위치를 정하는 작업이며, 나아가 고객의 선택 이유를 만드는 기획의 시작점이다.

✧ 예시

N씨는 경쟁 브랜드 3곳을 분석해 각자의 강점과 약점을

표로 정리한 뒤, 그 틈새를 공략하는 전략을 세웠다. 결과적으로 같은 상권 내에서도 유일하게 6개월 만에 흑자 전환했다.

핵심 정리

1. 경쟁은 나쁜 것이 아니라, 과잉이 문제다. 수요 대비 공급을 판단해야 한다.
2. 경쟁점의 위치, 동선상 유리/불리 여부를 지도에 시각화하라.
3. 경쟁 매장의 매출력과 운영력을 관찰하고 유추해보라.
4. 상품, 가격, 운영, 타깃 측면에서 차별화를 찾아야 한다.
5. 경쟁 분석 없이 상권 내 포지셔닝은 불가능하다.

유동인구 데이터 분석법
: 수집에서 해석까지

시간대별, 요일별, 성별·연령별 유동 데이터를 수집하고, 소비 전환 가능성을 해석해야 한다.

☑ 유동인구 숫자가 아니라 '질'을 봐야 한다

상권 분석에서 흔히 "유동인구가 많은 곳이 좋다"라고 말한다. 하지만 단순한 숫자는 착시일 수 있다. 그 유동이 실제 소비로 연결될 수 있는가, 즉 전환 가능성이 높은 유동인가를 판단하는 것이 중요하다.

○씨는 유동인구 8만 명인 지역을 선택했지만, 대부분 버스 환승객이었고, 체류도 소비도 거의 없었다. 결국, 숫자만 믿은 선택은 실패로 이어졌다.

☑ 유동 데이터 수집 방법 정리

유동인구 데이터는 다음과 같은 방식으로 수집할 수 있다.

수집방법	활용 도구/출처	특징
공공데이터	소상공인365, 우리마을가게	성별 · 연령 · 시간대별 유동 제공
현장조사	수기 체크, 클릭카운터 앱	시간대별 체감 유동 파악 가능
POS	프랜차이즈/ 매장 분석 시	실제 방문자 분석용 (상세 분석 시 활용)

◇ Tip

평일/주말, 오전/점심/저녁 별로 유동의 흐름을 최소 2일 이상 측정해야 신뢰도가 높아진다.

☑ 시간대별 유동 : 소비 가능 시간대인가?

- **오전 유동** : 통근형 이동 중심 → 소비 가능성 낮음
- **점심/오후** : 체류·소비 목적 유입 증가 → 핵심 시간대
- **저녁/야간** : 회식, 여가소비, 귀가 동선 등 업종별 차이 발생

이처럼 업종에 맞는 시간대 유동이 확보되는지가 중요하다.

◇ 예시

P씨는 낮 유동이 많다고 판단해 베이커리를 오픈했지만, 해당 유동은 대부분 학원 수강생이었고 소비 여력은 낮았다.

☑ 성별·연령대별 유동 : 타깃과의 정합성 확인

단순히 유동 숫자가 아니라 우리 업종의 핵심 타깃과 일치하는 유동이 많은지 확인해야 한다.

- **10~20대 중심 유동** : 패션, 디저트, 스트리트 감성
- **30~40대 여성 중심** : 베이커리, 카페, 건강식품
- **50대 이상** : 정장, 건강보조식품, 약국 등

Q씨는 20대 유동이 많은 거리에서 고가 남성복 매장을 열었고, 결국 타깃 미스매치로 고전했다.

☑ 유동 데이터는 '변수'가 아닌 '근거'다

유동인구 데이터는 창업 전 가설 검증의 핵심 근거다.

- 이 상권에 고객이 실제 있는가?
- 이 시간대에 장사를 하면 매출이 나올까?
- 이 유동은 우리 업종 타깃에 부합하는가?

정량 데이터 없이 '감'으로 판단하면 실패 가능성이 높다. 데이터 기반 상권 해석이 실패 확률을 줄인다.

✧ 예시

R씨는 공공데이터상 점심 유동이 40대 여성 중심임을 확인하고, 브런치 중심의 1인 여성 고객 매장을 열어 빠르게 안정적인 매출을 확보했다.

핵심 정리

1. 유동인구 분석은 단순한 숫자가 아니라 전환 가능성 있는 질적 유동을 분석하는 작업이다.
2. 시간대·요일별 흐름, 성별·연령대 분포를 업종과 연결해 해석해야 한다.
3. 공공데이터와 현장 체감 조사 두 가지를 함께 활용하라.
4. 유동 데이터는 입지 타당성의 핵심 근거다.
5. 데이터 기반 판단은 실패 확률을 현저히 줄여 준다.

상권단절
요인 찾기

고객의 발길을 막는 단절 요인을 사전에 찾아내야 독점상권이 보인다

- 버스 정류장이 옮겨가자 상권이 사라졌다.
- 몇 년 전, 버스중앙차로제가 시행되면서 도로변에 있던 버스 정류장이 도로 한복판으로 옮겨졌다.
- 그에 따라 유동인구가 급감한 상가들은 하루아침에 찬밥 신세가 되었다.
- 고객의 이동 경로를 단절시키는 변화 하나가 상권을 송두리째 바꿔버린 것이다.

이처럼 상권은 끊임없이 변화하며, 교통체계 하나로도 고객의 동선이 완전히 바뀔 수 있다.

☑ 상권 단절 요인은 입지 경쟁력의 결정 요소다

좋은 입지인지, 나쁜 입지인지는 상권 단절 요인에 의해 결정된다.

- 4차선 이상 도로, 특히 가드레일이 설치된 도로는 양쪽 상권을 분리시킨다.
- 은행이나 관공서처럼 시간제한이 있는 시설도 주말이나 야간에는 단절 요인이 된다.
- 상권 단절 요인을 파악하는 것이 '독점세대'를 확보할 수 있는 실마리가 된다.

☑ 상권 단절 요인을 기준으로 독점상권을 정의하라

한 마트는 북쪽으로는 공원과 초등학교, 동쪽으로는 6차선 도로와 가드레일, 서쪽으로는 고속도로, 남쪽으로는 대형병원에 둘러싸여 있었다. 결국 이 마트는 외부와 차단된 폐쇄적 공간 안에서 '독점상권'을 형성했고, 자생력 있는 점포로 평가받았다. 단절 요인이 오히려 장점으로 작용한 사레다.

상권 단절 요인 리스트

- **지형·지세** : 하천, 둑방, 언덕, 오르막길
- **물리적 장애물** : 4차선 이상 도로, 가드레일, 철도, 육교, 계단
- **시설물** : 학교, 대형 병원, 공원, 주차장, 주유소
- **시간제 영업 시설** : 은행, 관공서
- **기술 중심 업종** : 카센터, 공작기계, 가구점 등
- **기타** : 어두운 골목, 좁은 인도, 점포 전면 계단이나 화단 등

핵심 정리

1. 입지를 분석할 때 단절 요인을 지도에 표시하며 독점 범위를 시각화하라.
2. 물리적 장애, 지형·지세, 시설물 위치까지 총체적으로 고려하라.

3장

예상 매출과
손익 분석 실무

매출 추정의 공식
: 유동×내점률×객단가

유동인구, 내점률, 객단가를 곱해 예상 매출을 산출하고, 보수적 추정으로 리스크를 줄인다.

☑ 매출은 '공식'으로 접근해야 한다

"이 자리면 잘 될 것 같아요."

많은 창업자들이 느낌이나 경험으로 매출을 예상한다. 하지만 창업은 감이 아니라 계산이다.

유동인구 × 내점률 × 객단가 = 예상매출

이 단순한 공식이 '창업의 현실'을 가장 논리적으로 설명해준다.

A씨는 하루 유동 1,000명, 내점률 5%, 객단가 8,000원으로 계산했다.

→ 예상매출 = 1,000 × 0.05 × 8,000 = 40만 원/일

월 영업일수 26일 기준 : 약 1,040만 원/월이 된다.

☑ 유동인구는 업종별로 '해석'해야 한다

유동인구는 많을수록 좋지만, 모든 유동이 우리 가게의 잠재고객은 아니다.

- **카페/편의점** : 거리 유동 중심
- **병의원/미용실** : 생활권 중심 유동
- **학원/보습** : 보호자·학생 중심 타깃 유동

중요한 건 '얼마나 내 업종 타깃이 되는 유동인가'다.

☑ 내점률은 '사실상 업종 평균'이다

내점률은 전체 유동 중 실제로 들어오는 비율이다. 보통

1~5% 수준이며, 업종별로 다음과 같이 다르다.

업종	평균 내점률	특이사항
편의점	3~5%	TG 가까울수록 증가
디저트	2~3%	상품 노출 중요
식당	1~3%	점심 · 저녁 시간대 변동 큼
병의원	0.5~1%	진료 과목에 차이 큼

내점률은 지나치게 낙관적으로 잡지 말 것. 초기에는 업종 평균보다 30% 낮게 추정하는 게 안전하다. 또한, 내점률은 상권 특성에 따라 달라질 수 있으므로, 현장조사와 비교 분석을 꼭 진행해야 한다.

☑ 객단가는 '팔리는 구성이 기준'이다

객단가는 고객 1명이 평균적으로 사용하는 금액이다. 메뉴 가격이 아니라 실제로 판매되는 조합을 기준으로 산출해야 한다.

- 커피 단일 판매 → 4,500원
- 커피+디저트 구성 평균 → 7,800원

또한, 프로모션, 할인, 세트 비중이 높을수록 실질 객단가는 하락한다.

C씨는 커피 가격 5,000원 기준으로 계산했지만,

실제 판매 비중의 60%가 3,500원 아메리카노였다.

객단가를 과대평가한 셈이다.

☑ 보수적 추정으로 리스크를 줄여라

실제 창업 현장에서는 낙관적 매출 추정이 가장 흔한 실패 요인이다. 유동은 '최대치'가 아니라 '평균값'으로, 내점률은 업종 평균보다 낮게, 객단가는 실제 판매 비중 기준으로. 이렇게 보수적으로 추정하면, 실제 매출이 예상보다 높을 가능성이 생긴다.

D씨는 유동을 800명으로 보수 추정하고, 내점률 2%, 객단가 7,000원으로 계산했다. 실제 매출은 예상보다 10% 높게 나왔고, 안정적 운영으로 이어졌다.

핵심 정리

1. 예상매출 = 상권내 잠재고객수 × 내점률 × 객단가
2. 유동은 업종 타깃 여부까지 고려해 선별 추정하라
3. 내점률은 업종 평균보다 낮게 잡아야 현실적이다
4. 객단가는 실제 판매 조합 기준으로 설정해야 한다
5. 보수적 추정이 실패 리스크를 줄이고, 운영 안정성을 높인다

손익분기점 계산과 타당성 판단

고정비, 변동비를 기준으로 손익분기점을 계산하고, 투자 타당성을 검증한다.

☑ 매출이 나와도 남는 게 없을 수 있다

"한 달 매출이 1,200만 원 나왔어요."

하지만 순이익은 0원. 심지어 적자일 수도 있다. 왜일까? 손익분기점을 넘지 못한 매출은 의미 없는 숫자이기 때문이다. 사업의 성패는 매출보다 수익이 나는 구조인지가 핵심이다.

☑ 손익분기점은 '고정비 ÷ 기여이익률'

손익분기점(BEP : Break Even Point) 계산 공식은 단순하다.

손익분기점 = 고정비 ÷ (1 - 변동비율)

또는

손익분기점 = 고정비 ÷ 기여이익률

- **고정비** : 월세, 인건비, 통신비 등 매출과 무관하게 발생
- **변동비** : 재료비, 배달비 등 매출에 비례해 증가
- **기여이익률** : 1 - 변동비율 (매출 대비 마진률)

실전 예시로 계산해보자

A씨 매장 월 고정비는 다음과 같다.

- **임대료** : 150만 원
- **인건비(1인)** : 200만 원
- **기타(관리비, 통신비 등)** : 50만 원

→ **총 고정비** : 400만 원

• **객단가** : 8,000원

• **변동비율(재료비 등)** : 40% (즉, 1인당 기여이익 4,800원)

→ **기여이익률** : 60%

• 손익분기점 매출 = 400만 ÷ 0.6 = 약 667만 원

즉, 월 매출이 667만 원 이상이어야 수익이 0이 되는 구조다.

☑ 손익분기점을 넘겼다고 안심하면 안 된다

손익분기점은 말 그대로 '본전'이다. 이후 수익이 발생하려면, 더 높은 매출과 더 낮은 비용 구조가 필요하다. 특히 초기 투자금 회수까지 고려한 손익 시뮬레이션이 필수다.

❖ 예시

B씨는 월 손익분기점이 750만 원인데, 실제 매출은 800만 원. 월 순이익은 50만 원이지만, 인테리어 투자금 5,000만 원을 회수하려면 약 100개월(8년 이상) 걸린다는 계산이 나왔다. 수익은 나는데 타당성은 없는 구조다.

☑ '수익성'과 '투자 회수 가능성'을 따로 봐야 한다

수익성 판단

월 BEP 초과 매출 → 최소 20~30% 이상이 이상적

- **순이익률 목표** : 업종별 평균 10~20% 수준
- **투자 회수 판단(ROI)** : 초기 투자금 ÷ 월 평균 순이익 = 회수기간
- 통상 18~36개월 회수 가능성이 적정

최근 창업 트렌드 중 하나가 빠른 투자회수를 위해 투자 금을 최소화하는 것이다.

◇ 예시

C씨는 3,000만 원 투자에 순이익 150만 원 구조를 설계 해 약 20개월 회수 계획을 세웠다. 수익성과 타당성이 균형 잡힌 창업 전략이었다.

☑ 손익분석 없이 창업하면 통장 잔고만 줄어든다

초기 비용, 임대조건, 운영비용, 예상 매출을 종합해 '이 사업이 수익을 내고 투자금을 회수할 수 있는 구조인지' 숫

자로 판단해야 한다. "할 수 있을 것 같아요"는 위험하다. "계산상 가능한 구조입니다"가 맞다.

핵심 정리

1. 손익분기점은 고정비를 기여이익률로 나누어 계산한다.
2. 매출이 있어도 BEP를 넘지 못하면 적자다.
3. 수익성뿐 아니라 투자금 회수 가능성까지 분석해야 한다.
4. ROI 기준 18~36개월 내 회수 가능성이 있는 구조가 이상적
5. 감이 아닌 계산으로 창업 타당성을 판단하라.

사업계획에 반영할
수치화 기준

시장조사와 추정 매출 데이터를 사업계획서에 수치로 명확히 반영하는 방법을 제시한다.

☑ '계획'은 말이 아니라 숫자로 설득해야 한다

많은 예비 창업자들은 "잘 될 것 같다", "고객이 많다"라는 식의 감각적 표현으로 사업계획서를 채운다. 그러나 실제로 중요한 건 수치화된 근거다. 정책자금 심사, 투자유치(IR), 내부 판단의 어느 쪽이든 수치 기반 근거가 없으면 신뢰를 얻기 어렵다.

1) 유동인구 수치 : 공공데이터와 현장조사 병행

"평일 점심 시간대 유동인구 약 1,500명 (서울상권정보시스템 기준)"

"현장조사 결과, 실제 유입 가능한 TG 기준 하루 약 800 명 유동 추산"

- **공공데이터** : 상권정보시스템, 우리마을가게 등 활용
- **현장조사** : 시간대별 수기 체크, TG별 체감 유동 기록

  지도에 표시한 유동 흐름도 함께 첨부하면 설득력 강화

2) 예상 매출 수치 : 공식 기반 보수 추정

- "하루 평균 유동 800명 × 내점률 2% × 객단가 8,000원
  = 일매출 128만 원"
- "월 26일 영업 기준 약 3,328만 원 추정. 보수적으로
  80% 수준인 2,660만 원/월을 기준 매출로 설정"
- **공식** : 유동 × 내점률 × 객단가
- 내점률, 객단가는 업종 평균 및 인근 경쟁점 기준으로
  보정

- 보수 추정 원칙(예 : 80% 가중) 반드시 명시

3) 비용 수치 : 고정비/변동비 명확 구분

고정비 항목

- **임대료** : 150만 원(보증금 1,000만 기준)

- **인건비** : 200만 원(1인 근무 기준)

- **관리/통신비** : 50만 원(정액 기준)

변동비 항목

- **재료비** : 매출의 40%

- 총 고정비 400만 원 / 기여이익률 60% → 손익분기점 약 667만 원

- 인건비, 월세, 관리비 등은 견적 기준 명시

- 변동비는 매출 대비 비율로 추산 (업종별 평균 활용)

4) 투자 회수 수치 : ROI 관점 도입

- "총투자금 4,000만 원, 월평균 순이익 150만 원 → 회수 기간 약 27개월"

- **총투자금** : 인테리어, 보증금, 집기, 홍보비 등 일괄 정리

- **순이익** : BEP 초과 수익 기준

• ROI 기준 18~36개월 회수 가능성이면 타당성 '충분' 판
단

5) 민감도 시뮬레이션 : 매출 변동별 영향 제시

구분	월매출액	순이익	회수기간
낙관	3,000만 원	250만 원	16개월
기준	2,600만 원	150만 원	27개월
비관	2,000만 원	50만 원	48개월

• 핵심 변수(매출, 원가, 객단가 등) 민감도 분석을 표로 시각
화
• 리스크 설명 + 대응 전략 함께 제시

핵심 정리

1. 사업계획서는 모든 내용을 수치로 근거화해야 설득력이 생긴다.

2. 유동, 매출, 비용, 수익, 투자금 회수까지 단계별 수치 작성이 핵심이다.

3. 보수 추정 원칙과 민감도 시뮬레이션으로 현실성 강화

4. 정부 지원사업, 투자심사, 내부 의사결정 어디든 숫자가 논리다.

실제 매출 추정 사례와 시뮬레이션

다양한 입지별 매출 추정 사례를 통해 현실성 있는 수익 시나리오를 검토한다.

☑ 슈퍼마켓 A : 과천 D마트 사례

- **독점세대 수** : 2,899세대
- **주 방문 횟수** : 1.5회/주 → 일평균 방문 고객 수 : 683명
- **객단가** : 20,000원 × 소득지수 1.1 → 22,000원
- **일매출** : 683명 × 22,000원 = 1,503만 원

핵심 포인트

면적이 넓지만 상품 회전율이 떨어지는 D마트는 기대치

보다 실제 매출이 낮았고, 오히려 작은 GS슈퍼가 더 높은 회

전율로 경쟁력을 갖춘 사례

☑ 프랜차이즈 제과점 B : 항동 후보점 사례

- **가구 수** : 5,135세대
- **내점률** : 5% → 방문객 : 256명
- **객단가** : 7,500원
- **일매출** : 256명 × 7,500원 = 192만 원
- **손익분기점** : 248만 원 → BEP를 넘기지 못해 구조적 적
  자가 발생한 사례

핵심 포인트

브랜드 가치와 상권 크기에 비해 고정비가 과다했던 경

우. BEP 분석과 감가상각 고려가 없으면 "팔아도 남는 게 없

는 구조"가 될 수 있다

☑ 동네마트 C : 부천 투나마트 사례

- **독점세대** : 2,400세대

- **내점률** : 1.5회/주

- **일 고객 수** : 약 565명 (외부 유입 포함)

- **객단가** : 9,000원

- **일매출** : 565명 × 9,000원 = 508만 원

- **현장 검증 결과** : 영수증 기반 고객 수 추정으로 실제는 450~500만 원 수준 → 사장의 주장보다 낮은 매출로, 권리금 협상 필요성 제기

☑ 중형마트 D : H마트 사례

- **세대 수** : 1,900세대

- **내점률** : 1.5회/주

- **일 방문객** : 447명

- **객단가** : 13,000원

- **일매출** : 582만 원

- **투자비** : 3억 4,000만 원 → 과도한 시설투자 대비 ROI 미달

- **현재 매출** : 400~500만 원 수준 → 실수익↓, 투자 회수 지연

핵심 포인트

- BEP는 넘지만 투자 대비 수익률(ROI)은 부적절.
- 면적 과대, 수요예측 오류, 교통불편 등의 요인이 복합
  작용

민감도 시뮬레이션 예시 : 커피전문점 E

구분	일 유동인구	내점률	객단가	일매출
낙관	1,000명	5%	6,000원	300만 원
기준	800명	3%	5,500원	132만 원
비관	600명	1.5%	5,000원	45만 원

핵심 포인트

- 내점률, 객단가가 소폭만 변해도 수익성에 큰 차이.
- 보수적 추정과 유사점 비교를 통한 리스크 대응 전략이
  중요.

핵심 정리

1. 실제 매출 추정은 유동 × 내점률 × 객단가 × 현실성 보정으로 이루어진다.
2. BEP를 넘는다고 끝이 아니다. 투자금 회수까지 고려한 ROI 분석이 필수다.
3. 현장 기반 추정, 유사 사례와의 비교, 소득지수·점포 특성 보정이 핵심
4. 민감도 분석을 통해 최악의 경우도 버틸 수 있는 구조인지 사전 점검해야 한다.

투자 회수율(ROI) 관점의
상권 해석

초기 투자금 대비 수익률(ROI)을 중심으로 상권과 점포의
경제적 가치를 해석한다.

☑ 수익이 나도 회수가 안 되면 실패다

"매출은 나오는데, 왜 자금이 계속 부족할까?"

가장 흔한 실패 이유는 투자 회수 기간이 너무 길어서다.
수익은 나지만, 초기 투자금 대비 순이익이 낮으면 그 점포
는 '수익성 없는 상권'일 수 있다.

A씨는 매달 200만 원 순이익을 내고 있었지만, 총 투자금
이 1억 원이었기 때문에 회수 기간이 50개월이었다. → 결
국, 2년 만에 권리금 없이 철수했다.

ROI 계산은 단순하다 : 투자금 ÷ 순이익

- ROI 회수기간(개월) = 총 투자금 ÷ 월 순이익
- 총 투자금 = 인테리어, 보증금, 집기, 홍보비 등 초기 소
  요 비용
- 월 순이익 = BEP 초과 수익 (고정비·변동비 제외한 실제 이익)
- **투자 회수 목표** : 18~36개월 이내가 이상적

최근 창업 트렌드 중 하나는 초기 투자금 최소화다. 점포
규모, 인테리어 수준, 고정비 구조 등을 조절해 최대한 "소
규모·저비용·고효율" 창업을 선호하는 흐름이다. 이는 곧
ROI 관점에서 빠른 회수 구조로 이어지며, 창업 실패의 리
스크를 줄이는 주요 전략이 된다.

B씨는 4,000만 원 투자, 월 순이익 200만 원 구조 설계 →
20개월 회수 가능 → 보수적 추정에도 '투자 가치 있음'으로
판단

☑ 투자금이 많을수록 '상권 가치'가 높아야 한다

상권 해석은 단순히 유동과 매출만 보는 게 아니다.

"이 입지에 투자한 만큼, 얼마 만에 회수 가능한가?"

즉, 상권의 ROI가 높은가 낮은가가 중요하다. 투자금이
2,000만 원인 점포와 6,000만 원인 점포가 같은 순이익을 낸
다면 ROI는 완전히 다르다. 상권의 크기보다 '자금 회수 효
율'이 좋은 상권이 유리할 수 있다.

ROI 관점의 상권 유형 구분

유형	투자금	수익성	회수 가능성	특징
A타입	낮음 (2,000만↓)	중간	빠름 (12~18개월)	소형 점포, 리스크 낮음
B타입	중간 (3,000만~5,000만)	중~고	적정 (18~30개월)	표준 상권 구조
C타입	높음 (7,000만 이상)	높음	불확실 (36개월↑)	고가 입지, 권리금 과다

C씨는 유동이 많고 대로변 입지의 점포를 선호했지만, 초기 투자금이 9,000만 원에 이르고 ROI 회수 기간이 40개월 이상이었다. → '상권은 좋지만 점포는 비효율적'이라는 결론 도출

- **ROI와 BEP은 다르다** : BEP는 본전, ROI는 성공
- **BEP** : "언제부터 이익이 나나?" (고정비 중심 계산)
- **ROI** : "투자금을 언제 회수하나?" (전체 투자 중심 판단)

ROI 관점에서 상권을 해석해야 권리금, 시설 투자, 대출 부담 등을 종합적으로 고려한 '진짜 성공 가능한 창업 판단'이 가능하다.

구분	BEP (손익분기점)	ROI (투자수익률)
목적	고정비 회수 시점 판단	총 투자금 회수 기간 및 수익성 평가
계산 기준	고정비 + 변동비	(순이익 ÷ 총 투자금) × 100
활용 분야	단기 운영 효율성 분석	장기 투자 타당성 검증

핵심 정리

1. 매출보다 중요한 것은 투자 회수 구조다.
2. ROI = 총 투자금 ÷ 월 순이익 → 목표 18~36개월 회수
3. 초기 투자금이 클수록 상권 가치와 회수 기간을 더욱 냉정히 봐야 한다.
4. ROI가 낮은 상권일수록 "수익은 나는데 실패하는 구조"가 발생한다
5. BEP는 시작, ROI는 창업 판단의 핵심이다.

4장

점포계약과
권리분석

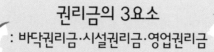

권리금의 3요소
: 바닥권리금·시설권리금·영업권리금

권리금은 상가 점포 거래에서 가장 많은 오해와 갈등이 발생하는 요소다. 《상권의 정석》에서 우리는 "권리금은 단순한 웃돈이 아닌, 영업을 위한 유·무형의 권리와 자산에 대한 평가"라고 정의하였다. 2편에서는 이를 보다 실전적으로 분해하여, 권리금의 구성 요소를 바닥권리금, 시설권리금, 영업권리금이라는 세 가지 범주로 정리하고자 한다. 각각은 독립적이면서도 상호 연계되어 거래에 영향을 준다.

☑ 1) 바닥권리금 : 입지 프리미엄의 화폐화

바닥권리금은 특정 점포의 입지 자체가 가지는 희소성과 접근성, 시세 대비 메리트를 화폐화한 것이다. 예를 들어, 동일 면적과 조건의 점포라 하더라도 지하철 역세권 코너 상가나 건물 진입 1호 점포는 그 자체로 수요가 높아 바닥권리금이 형성된다.

✧ 예시)

강남구 논현동의 한 카페는 5년 전 월세 250만 원, 권리금 5,000만 원에 입점했으나, 동일 위치에서 최근 거래된 신규 매물은 월세 350만 원, 권리금 1억 원에 형성돼 있다. 이 차이는 단순 임대료가 아닌, 입지 가치의 상승분이 권리금에 반영된 구조다.

☑ 2) 시설권리금 : 원가보다 감가와 시장성으로 판단

시설권리금은 점포 내부의 인테리어, 집기, 설비 등의 물리적 자산에 대한 이전 대가다. 여기서 실수하기 쉬운 점은, 투자금 원가를 기준으로 삼아 권리금을 책정하는 것이다. 중고 감가와 시장성, 재활용 가능성이 판단 기준이 되어야 하며, 실제 시장에서는 시설 연식 2~3년 미만, 브랜드와 무관한 범용성 구조일수록 인정받는다.

《상권의 정석》에서는 "인테리어에 1억을 들였다고 1억의 권리금이 형성되진 않는다"라고 언급했는데, 이는 여전히 유효하다. 더 나아가, 현재는 '시설+공사과정+브랜드 일체감'을 패키지로 포장한 형태의 권리금 설정이 증가하고 있다.

☑ 3) 영업권리금 : 숫자 아닌 신뢰로 평가되는 무형 자산

영업권리금은 기존 점포의 매출, 고객층, 운영 노하우에 대한 이전 가치다. 가장 측정이 어렵고 분쟁도 많은 항목이다. 특히 현 매출 수준만을 기준으로 권리금을 정하면 실수할 수 있다. 고객이 업종이나 공간보다 운영자에 충성하는 경우가 많기 때문이다.

실전에서는 POS 매출 데이터, 고객 재방문율, SNS 팔로워 수 등 수치 기반 자료가 활용되나, 결국 권리금 판단은 신규 운영자가 동일 수준의 영업을 지속할 수 있을지에 대한 시장 신뢰에서 결정된다.

☑ 4) 권리금 거래의 현실 : 받지 못할 수도 있다

최근 경기 침체와 소비심리 위축의 여파로 상권 내 공실 점포가 다수 발생하고 있으며, 그 결과 권리금을 받지 못하고 점포를 철수하는 사례도 적지 않다. 이 같은 상황은 권리금의 가치가 시장 경쟁 상황에 따라 크게 달라진다는 점을 방증한다.

특히 투자금 회수를 전제로 창업한 경우, 실제 권리금 회수가 어려워지면서 폐점 리스크로 이어지는 경우가 많다. 이에 대비하기 위해 실전 창업자들 사이에서는 최소 비용으로 초기 창업을 시도하고, 권리금에 의존하지 않는 회수 전략을 설계하는 사례가 늘고 있다. 이는 최근 유행하는 '스몰 창업'이나 '미니멀 점포 창업'의 확산 배경이기도 하다.

핵심 정리

1. 권리금은 바닥·시설·영업권리금의 3요소로 구성된다.

2. 바닥권리금은 입지 그 자체의 희소성과 노출성에 따른 자릿값이다.

3. 시설권리금은 인테리어와 집기 등 유형자산의 잔존가치에 따라 평가된다.

4. 영업권리금은 매출, 고객, 브랜드 신뢰 등 무형성과 재현 가능성이 핵심이다.

5. 최근 공실 증가와 경기 침체로 권리금 없이 점포를 넘기는 사례가 늘고 있으며, 이는 투자 최소화 창업 트렌드의 배경이 된다.

6. 컨설팅 현장에서는 각 권리금 요소를 분리 진단하고, 근거를 명확히 제시하는 전략이 필요하다.

권리금 감가상각법
적용 실무

권리금 중 시설권리금은 가장 명확한 유형자산임에도 불구하고, 실제 거래에서 투자금 원가를 기준으로 협상하는 경우가 많다. 그러나 실무에서는 회계적 감가상각 개념을 반영하여, 시설의 잔존가치와 시장성을 중심으로 산정하는 것이 합리적이다. 특히 경기 불황과 업종 폐업 증가로 인해 '권리금 0원' 또는 '시설인수만으로 양도'되는 사례가 늘면서, 시설권리금의 평가 기준에 대한 실무적 접근이 중요해졌다.

☑ 1) 시설권리금은 투자금이 아니라 '잔존가치'로 판단해야 한다.

인테리어, 주방설비, 간판, 조명, 음향기기, 진열장 등은 시간이 지날수록 가치가 하락한다. 초기 투자금이 1억 원이더라도, 사용 연수, 유지 상태, 설비의 범용성, 업종 변경 시 활용 가능성에 따라 실제 가치는 절반 이하가 되는 경우도 많다.

✧ 예시)

2년 전 7천만 원을 들여 시공한 인테리어라도, 설계가 지나치게 특정 업종에 특화되어 있다면, 타 업종으로의 전환성이 떨어져 1,000만 원 이하의 시설권리로 평가될 수 있다.

☑ 2) 실무에서는 '비율식 감가상각법'을 응용할 수 있다.

현장에서는 회계 기준보다는 협상용 간이 감가 모델을 활용한다. '보통 시설투자금×잔존비율 = 협상기초금액'으로 접근한다.

시설투자금 8,000만 원, 사용 기간 3년, 업종 전환 가능성
이 보통일 때

- 8,000만 원 × 40% = 3,200만 원 → 협상 출발선

여기서 중요한 건 단순 감가가 아니라 시장성 조정이다.
동일 업종 희망자가 많은 상권이라면 더 높게 평가되고, 슬
럼화 조짐이 있는 지역이라면 협상 금액이 더 낮아진다.

☑ 3) 협상에선 '감가 기준표 + 항목 구분'이 설득의 핵심

시설권리금을 구성할 때는 항목별 나열 + 잔존율 제시가
효과적이다.

- 집기·설비 3,000만 원 × 30% = 900만 원

- 인테리어 4,000만 원 × 40% = 1,600만 원

- 간판·사인류 500만 원 × 20% = 100만 원

→ **합계** : 2,600만 원 → 협상기초가

이처럼 구성 요소별 평가가 가능하도록 도식화하면, 매수자 설득력이 올라가고 불필요한 감정싸움을 줄일 수 있다.

핵심 정리

1. 시설권리금은 투자금 원가가 아닌 '잔존가치'를 기준으로 평가해야 한다.
2. 실무에서는 감가상각률을 적용한 협상기초금액을 설정하는 방식이 활용된다.
3. 항목별로 감가율을 적용해 구조화하면 설득력 있는 협상자료로 활용 가능하다.
4. 업종 전환 가능성, 시설 범용성, 지역 상권성숙도에 따라 시장성 조정이 필요하다.

임대차 계약서
분석 포인트

　권리금 못지않게 중요한 것이 바로 임대차 계약서다. 대부분의 분쟁과 비용 리스크는 계약서 조항을 꼼꼼히 검토하지 않아 발생한다. 특히 최근에는 건물주 변경, 리모델링, 중도 해지 사례가 늘면서, 계약 전 확인해야 할 항목들에 대한 실무적 분석이 더욱 중요해졌다.

　컨설팅 현장에서는 계약서 초안을 미리 확인하고, 핵심 조항에 대해 사전 협의하거나 특약 조항을 요구하는 사례가 증가하고 있다.

보증금과 월세 : 단순 수치보다 구조와 증감 조건 확인

보증금과 월세의 합리성은 주변 시세와 비교해야 하지만, 더 중요한 것은 인상 조건과 관리비 포함 여부, 매출 연동 여부, 부가세 처리 방식이다.

❖ 예시

- 월세는 VAT 별도인지 포함인지?
- 관리비 내 전기, 수도, 청소, 공용비용 포함 여부는?
- 계약 갱신 시 임대료 인상률은 제한이 있는가?

계약 기간과 해지 조건 : 갱신요구권 적용 여부와 특약 확인

상가임대차보호법상 계약 갱신 요구권은 총 10년까지 가능하나, 실제 계약서에는 이를 제한하거나 무력화하는 문구가 들어가는 경우가 있다. 또한, 건물주 귀책 해지 조항, 위약금 조항, 자동 해지 사유(폐업, 미납 등)를 반드시 검토해야 한다.

인테리어 · 시설 책임 : 원상복구 조항과 예외 항목 분리 필수

인테리어 공사 및 시설 투자에 있어 누가 책임지는지, 계약 종료 시 어디까지 철거해야 하는지가 명확하지 않으면 폐점 시 큰 손해로 이어진다. 특히 계약서상 '원상복구'는 포괄적 문구이므로, 간판, 전기 증설, 덕트, 바닥 마감, 천장 몰딩 등 항목별로 예외 지정이 필요하다.

핵심 정리

1. 임대차 계약서는 단순한 임대료 조건이 아니라 전체 영업 구조에 영향을 미친다.
2. 보증금과 월세 외에도 인상률, 부가세, 관리비 포함 여부 등 부속 조항을 검토해야 한다.
3. 계약 갱신, 해지 조건, 원상복구 책임 범위는 손해를 줄이는 핵심 포인트다.
4. 계약 전 초안을 받아 항목별 체크리스트화 하고, 필요 시 특약 협상을 선제적으로 진행한다.

상가임대차보호법과 권리금

상가임대차보호법은 자영업자의 생존권을 보호하는 최소한의 장치다. 하지만 실무에서는 법의 보호조차 무력화되는 상황이 빈번하게 발생한다. 특히 권리금 회수와 관련된 분쟁은 임차인의 생존과 직결되기 때문에 계약 전부터 철저히 준비해야 한다.

☑ 권리금 회수 기회 보장 조항 이해하기

2019년 개정된 상가임대차보호법은 '임대차 종료 전 6개월부터 종료 시까지'의 기간 동안, 임대인이 기존 임차인의 권리금 회수를 방해하지 못하도록 명시하고 있다. 이때 방해란 직접적인 거절뿐 아니라, 임차인이 구한 새로운 임차인에게 계약을 체결하지 않거나 지연하는 것, 과도한 조건을 제시하는 행위 등도 포함된다.

☑ 권리금 분쟁 시 임차인의 방어 전략

권리금 회수를 방해한 임대인을 상대로 손해배상을 청구하려면 구체적인 증거가 필수다. 예비 임차인과의 문자, 계약의사 확인서, 통화 녹취 등이 대표적인 예이다. 법률적 대응도 염두에 두고, 가능하면 전문가의 자문을 받는 것이 유리하다.

☑ 임대차 계약 전, 임대인 평판 확인

공인중개사를 통한 정보는 한계가 있으므로 주변 상인의 평판을 확인하는 것이 더 효과적이다. '나쁜 건물주'는 권리금 회수 방해, 과도한 월세 인상, 계약 갱신 거부 등 다양한 방식으로 임차인을 압박할 수 있으므로, 계약 전 반드시 임대인의 과거 사례를 조사해야 한다.

A사장은 2014년 카페를 열고 장기간 성실하게 운영했으나, 계약 갱신 시 건물주가 월세를 대폭 인상했다. 권리금을 받고 가게를 넘기려 했지만, 높은 월세에 예비 창업자들이 계약을 꺼렸고 결국 폐업했다. 만약 A사장이 2019년 4월 이후 임대차계약을 체결했다면, 권리금 회수 방해에 따른 손해배상을 청구할 수 있었을 것이다.

핵심 정리

1. 상가임대차보호법은 계약 종료 6개월 전부터 권리금 회수 기회를 보장한다.

2. 권리금 분쟁에 대비해 예비 임차인과의 대화 내용, 계약 의사 확인 등을 문서화하라.

3. 임대인의 과거 임대 사례를 주변 상인들을 통해 확인하고, 나쁜 건물주는 피하는 것이 상책이다.

재개발지 /
위험 입지 대응 전략

상권은 시간의 흐름에 따라 살아 움직인다. 오늘은 안정적이었던 입지가, 내일은 재개발 공사로 인해 무너질 수도 있다. 재개발·재건축, 슬럼화, 기반시설 공사, 집단 이주, 주변 철거 등은 상권을 근본부터 흔드는 구조적 리스크다.

하지만 많은 예비 창업자들은 인테리어나 가격에만 집중한 채, 입지의 미래 리스크를 놓치고 점포계약을 맺는다. 이런 실수를 줄이기 위해선 재개발지 및 위험 입지에 대한 사전 정보 확인, 계약서 특약 조항 확보, 업종 적합성 검토가 필수다.

☑ 재개발 예정지 확인은 기본, 배후 세대 포함 여부 까지 체크

재개발로 인한 상권 변화는 단순히 가게 건물의 철거뿐 아니라, 배후 세대의 이주로 이어지며 매출에 직격탄이 된다. 정부청사의 세종시 이전으로 과천시 상권이 침체된 사례, 문정법조타운 이전 후 구의역 상권 약화 사례 등이 대표적이다. 따라서 건물의 재개발 여부만 볼 게 아니라, 배후 세대와 주요 고객층까지도 재건축/재개발 영향권에 속하는지 꼼꼼히 확인해야 한다.

☑ 슬럼화 지역, 존치지역은 업종 전략이 따로 있다

존치지역이나 재개발 공사장 인근 지역이라면 일반적인 업종은 어렵다. 이런 곳에서는 공사 인력 대상 간식, 편의점, 뷔페식당 등이 오히려 수익성이 높다. 이때도 중요한 건 '영업 기간'이다. 6개월 단타로는 시설 투자도 회수하지 못하므로, 입점 전 공사 기간 및 철거 시점 확인, 임시시설 허가 유무 확인이 필요하다.

☑ 실전 사례 : 권리금 날릴 뻔한 십정2구역 점포

인천의 대표적인 재개발지 십정2구역에 한 매물을 권리금 3,000만 원에 계약하려던 C사장. 재개발 고지 특약 조항이 계약서에 있었고, 실사를 통해 지장물 조사 진척률이 89%에 달한다는 사실을 뒤늦게 확인했다. 해당 정보를 알지 못했다면 C사장은 권리금 전액을 잃고 몇 달 후 폐업했을 것이다.

핵심 정리

1. 재개발·재건축 입지는 점포만이 아니라 배후 세대, 직장인구 이동까지 포함해 위험도를 판단해야 한다.

2. 재건축 특약 조항이 있으면 권리금 및 투자금 회수가 원천 차단될 수 있으므로 계약 전 반드시 삭제하거나 협상해야 한다.

3. 슬럼화 지역, 존치지역은 공사 인력 중심 업종으로 접근해야 하며, 운영 기간과 철거 계획을 선제적으로 파악해야 한다.

4. 재개발 매물 계약 전에는 구청 도시정비과, 도시계획과 등과의 통화나 공문 요청 등 정보 확인을 거쳐야 한다.

5. 눈에 보이는 상가보다 그 뒤편의 구조적 위험을 먼저 읽는 것이 진짜 상권 분석이다.

매물 브랜딩과
가격 협상법

좋은 매물을 찾는 것만큼이나 중요한 것은 그 매물을 어떻게 포장하고 협상하느냐이다. 상권과 입지는 동일해도, 매물의 '스토리'와 제안 방식에 따라 권리금은 수천만 원까지 차이가 날 수 있다. 매물 브랜딩이란 단순히 예쁘게 보이게 만드는 것이 아니라, "왜 이 점포를 인수해야 하는가"에 대한 확신을 만드는 전략이다. 상가 광고 문구, 포트폴리오, 입지 설명서, 수익률 시뮬레이션 등을 통해 구매자의 시각에서 설득력 있는 인수 이유를 제시해야 한다.

☑ 브랜딩 요소 ① : 점포의 스토리텔링

'그냥 팔려고 내놓은 가게'와 '다음 단계로 가기 위한 점포 매각'은 인식이 다르다. 가령 "단골 확보 후 공방 확장 계획으로 이전"이라는 서사는, 점포가 '잘 돼서 파는 것'으로 인식되며 인수 희망자에게도 매출 가능성을 직감적으로 납득시킨다. 실제 E-편한마트 매각 사례에서는, 점주가 "넓은 매장으로 확장하려는 계획"을 강조하며 권리금 4천만 원 이상을 확보한 바 있다. 이는 매물의 의도를 '리스크 회피'가 아닌 '성공 후 다음 단계 진입'으로 포장한 결과였다.

☑ 브랜딩 요소 ② : 매출과 운영 데이터 가시화

브랜딩은 감성뿐만 아니라 수치적 설득을 포함해야 한다. POS 자료, 일매출 추정치, 객단가와 방문객 수 추이, 요일별 매출 분포 등은 인수자가 느끼는 리스크를 수치적으로 줄여준다. 또한 사업자등록증, 보건증, 담배소매업 허가증 등 법적 권리 서류도 정리하여 제시하면, 구매자는 '준비된 매물'로 인식하게 된다.

☑ 가격 협상 전, 임대인과의 입장 정리

실전에서는 권리금보다도 임대인의 입장 조율이 성패를 가른다. 특히 임대인이 건물 가치 하락을 우려해 월세 인하에 소극적일 경우, 인수자가 권리금에서 손해를 보게 된다. 이때는 중개인을 사이에 두고, 초기 몇 개월 월세 할인, 이후 점진적 인상 같은 방안을 제시해 협상 포기 없이 조건을 이끌어내야 한다.

☑ 실전 사례 : 투나마트 인수 협상

권리금 1억 8천만 원을 요구한 부천 투나마트 사례.

점주 주장대로라면 일매출이 600만 원이어야 했지만, 야간 방문 후 계산대 영수증 번호를 역산해 보니 450~500만 원 수준이었다. 객단가 1만 원, 하루 방문객 450명, 주중 매출 하락 반영 시 실제 매출은 과장된 수치였고, 이 근거로 권리금을 3천만 원 깎아 협상에 성공했다.

핵심 정리

1. 점포 브랜딩은 단순한 홍보가 아니라, 매물의 스토리와 수치를 결합한 '신뢰 확보' 전략이다.
2. 브랜딩 요소로는 매각 이유 포장, 운영 지표 제시, 법적 서류 정비가 핵심이다.
3. 권리금 협상은 임대인 조율이 핵심이며, 중개인과 함께 절충안을 만들어야 한다.
4. 매출 추정치를 과학적으로 계산하면 가격 협상에서 유리한 위치를 점할 수 있다.
5. 브랜딩과 협상은 매물 판매율뿐 아니라, 권리금 규모 자체에도 영향을 미친다.

5장

업종별 상권전략

카페

카페는 단순히 커피를 판매하는 공간이 아니라, 사람들이 시간을 소비하고 분위기를 경험하는 체류형 업종이다. 따라서 '회전율'을 기준으로 판단하는 음식점 업종과 달리, 체류 시간 기반 전략이 핵심이다.

☑ 체류 시간 vs. 회전율 전략

체류형 카페는 '얼마나 오래 머무는가'에 따라 수익구조가 달라진다. 이에 따라 점포 운영에 적용되는 전략은 아래와 같이 구체적으로 분기된다.

실무 적용 포인트

- **좌석 배치** : 테이크아웃 위주 상권은 전면에 키오스크+ 카운터 배치, 체류형 상권은 후면부 소파존·콘센트석 구성(주택가는 후자 우선, 오피스는 전자 우선)
- **인테리어 투자 비율** : 체류형 카페의 경우, 전체 예산의 40~50% 이상을 내부공간에 할당하는 것이 권장된다. (조명, 마감재, 벽면 디스플레이, 향기 등 포함)

체류 시간 데이터화

- 실제 매장 운영에서는 CCTV 기반 동선 분석 도구 (예 : RetailNext 등)를 활용해 고객 체류 시간과 재방문율을 수치화할 수 있다.
- 이러한 데이터는 시간대별 좌석 점유율을 최적화하고, 향후 리뉴얼 판단에 근거가 된다.

☑ 입지별 전략 차이 : 오피스 vs. 주택가 vs. 역세권

카페는 입지에 따라 고객의 행동 패턴이 완전히 다르기 때문에, 상권별로 맞춤 전략을 수립해야 한다. 다음은 입지별 전략 및 리스크 포인트다.

상권 유형	검증된 전략	리스크 관리 포인트
오피스	점심시간 한정 메뉴 (샐러드/샌드위치 세트 구성)	저녁 매출 공백 → 배달앱 연계 강화
주택가	단골 유도형 이벤트 (예 : 월 4회 방문 시 무료 음료)	입소문 의존성 → SNS · 블로그 중심 홍보 강화
역세권	브랜드 로고 · 간판 가시성 최우선 배치	고임대료 리스크 → 매출 연동형 임대계약으로 방어 (월 매출의 15% 이내 권장)

☑ 타깃 구체화 : 20~40대 여성, 그 안의 세분 타깃 전략

'20~40대 여성'이라는 추상적 타깃 설정은 전략 수립에 한계가 있다. 이에 따라, 실제 점포 입지에 맞춰 아래와 같이 구체화할 필요가 있다.

- 25~34세 직장인 여성 : 회전율보다 빠른 응대 + 모바일 주문 최적화, 혼자 오는 고객을 위한 바 석 위주 좌석
- 35~44세 육아맘 고객 : 유모차 진입 가능 동선, 디저트 구성 강화, 보드게임·북카페 요소 결합

☑ 리스크 체크리스트 : 반드시 계약 전 검토할 항목들

카페 창업은 인테리어·장비 투자 비중이 크기 때문에, 입지 리스크에 대한 사전 점검이 필수다. 다음 항목은 컨설팅 시 반드시 확인한다.

- **재개발 예정지 여부** : 구청 도시계획과에 문의, 용도지역 변경 이력·지구단위계획 열람
- **주차 편의성** : 주차 가능 대수 ≤ 좌석 수 × 0.3 미만이면 체류 고객 유입 저해 가능성
- **경쟁 업체 밀집도** : 반경 500m 내 동일 카페 업종 5개 이상 시, 진입 재검토 권장

☑ 실전 사례 : 카페 I씨 한남동 계약 실패 사례

한남동의 작은 카페를 계약하려던 I씨는 인테리어 상태가 양호하고 권리금도 적절해 보였다. 그러나 계약 전 부동산을 통해 알아본 결과, 해당 건물은 정비예정구역에 편입된 상태였다. 콘셉트와 비용이 좋아도, 입지 리스크는 콘셉트 이전에 검토되어야 한다.

핵심 정리

1. 카페는 체류형 업종이므로 공간 설계와 인테리어에 전략적 투자가 필요하다.
2. 입지별로 매출 집중 시간과 고객 특성이 다르며, 전략도 이에 맞춰야 한다.
3. 브랜드와 콘셉트 외에도 실체류 시간, 주차 여건, 경쟁 포화도 등을 정량적으로 점검해야 한다.
4. '여성 타깃'은 연령대별 니즈가 다르므로 구체화가 필요하며, 그에 따른 좌석·메뉴 구성 차별화가 필요하다.
5. 데이터 기반 분석 도구(CCTV, 동선 트래킹 등)는 운영 최적화를 위한 필수 도구로 활용해야 한다.

베이커리
디저트

베이커리·디저트 전문점은 단순한 간식 판매를 넘어, '식사 대체+감성 소비'가 결합된 업종이다. 1인 가구와 홈 디저트족의 증가, SNS를 통한 비주얼 소비 확산은 이 업종의 성장 기반이 된다.

☑ 시장 트렌드와 수요 변화

- 국내 베이커리 시장은 2014년 3,837억 원에서 2018년 4,556억 원으로 약 18.7% 성장
- 1인 가구 증가로 빵을 식사 대용으로 소비하는 경향 증

가

- 에어프라이어 보급과 함께 홈베이킹·냉동 디저트 수요
  증가
- SNS 인스타그래머블 콘텐츠에 적합한 디저트가 인기

☑ 입지별 전략 : 오피스 vs 주택가

상권 유형	권장 점포 크기	특화 전략	리스크 포인트
오피스	20평 이상	샐러드·빵·음료 구성, 이른 출근 대응	주말 매출 약세
주택가	15평 내외	소형 고효율 점포, 단골 마케팅	주차·주변 민원

베이커리 전문점은 외식보단 판매업 성격이 강하므로, 입지 분석 시 소매업 기준을 기준으로 삼아야 한다.

☑ 가시성과 접근성이 생존요소

베이커리는 대체재 성격이 강한 업종으로, 브랜드보단 접근성이 우선된다. 반경 500m 내 유사업종 3개 이상이면 접근성 차별화 필수. 소비자는 거리상 더 가까운 곳으로 이동하기 때문에, 상권 하향 시 A급지에서 시인성과 접근성 확

보가 필수 전략

☑ SNS 마케팅은 필수 전략

- 투썸 구봉산점 사례처럼, 상권이 불리해도 SNS 포토존 화로 성공 가능
- 에그드랍, 써브웨이 등도 인테리어와 패키지를 통해 SNS 바이럴을 유도
- 개인 매장의 경우 비주얼 메뉴판, 해시태그 유도 전략 으로 대응 가능

☑ 실전 전략 포인트 요약

- **매장 면적** : 카페보다 좁게, 인건비 줄이고 효율적으로
- **메뉴 구성** : 2인 단위 세트 상품 구성(샌드위치+커피, 케이크 +차 등)
- **내점률 기준** : 2~5% 수준이 일반적이므로 배후 세대수 계산 필요

고객단가 차별화

- **저가형** : 3,500원

- **중가형** : 5,000원

- **프리미엄** : 8,000원 이상

핵심 정리

1. 베이커리·디저트 업종은 1인 가구 증가, 감성 소비, 홈베이킹 확산 등으로 지속 성장 중이다.
2. 외식보다 판매업 성격이 강하며, 입지 선정은 소매업 기준의 접근성과 시인성 중심으로 판단한다.
3. SNS 마케팅과 시각적 콘텐츠는 비브랜드 매장의 입지 한계를 극복하는 핵심 수단이다
4. 입지에 따라 점포 면적과 세트 구성이 달라야 하며, 내점률을 기준으로 손익 타산을 수립해야 한다.
5. 소득별 가격 포지셔닝과 입지별 고객 타깃 세분화 전략이 필요하다.

일반
음식점

음식점 창업은 가장 많은 창업자가 몰리는 업종인 동시에, 최고의 폐업률을 기록하는 업종이기도 하다. 성공의 열쇠는 '입지에 맞춘 포지셔닝'과 '메뉴 구성의 전략화'에 달려 있다.

☑ 수익구조의 공식 : 고객 수×단가×거래 기간

음식점의 매출을 높이는 방법은 다음의 수식으로 귀결된다.

매출 = 고객 수 × 객단가 × 거래 기간

- 객단가를 높이기 위한 업셀링·세트판매 전략이 핵심이다.
- 고객 수는 회전율 확보와 배달 확장, SNS 유입 전략으로 접근해야 한다.

☑ 포지셔닝 전략 : 업종별 구분

업종 유형	전략 키워드	점포 운영 기준
회전율형 (분식, 백반 등)	빠른 주문·서빙, 테이블 회전	좌석당 20분 이내 체류 목표, 메뉴 5종 이내
체류형 (한식, 중식, 양식)	단가 상승, 주류 결합	1인당 객단가 15,000원 이상, 세트 구성 필수
프리미엄형 (코스요리, 일식 등)	예약제, 공간 분리	회전율 포기, 테이블당 1시간 이상 체류 전략

☑ 회전율 전략 : 타임슬롯별 설계

- **점심 타임** : 11:30~13:30 → 집중 좌석 운용, 메뉴 단순화
- **브레이크 타임** : 14:30~17:00 → 단골 유도 시간대로 활용
- **저녁 타임** : 주류 판매 극대화, 테이블 단가 상승 유도

☑ 배달 확장과 HMR 대응 전략

최근 간편식 시장이 성장하면서, 음식점도 HMR(가정간편식) 개발을 고민할 시점이다.

- 대표메뉴 소스 소분 판매 → 배달앱 후기 유도
- 냉동/레토르트 제품화 → 오프라인 고객의 온라인 전환
- 브랜드 스토어 연동 → 자사몰·쿠팡·배민상회 입점 시도

☑ 메뉴 구성 전략 : 실전 적용 기준

- 주력 메뉴 1~2개, 그 외는 보조 및 업셀링용
- 테이블당 메뉴 선택지를 줄여 회전율 개선
- **단가 분산** : 6천 원·1만 원·1.5만 원 구간별 대표 메뉴 설정
- 사진 기반 메뉴판, 고객 동선에서의 시인성 확보

☑ 서비스 전략 : '셀프'냐 '서빙'이냐

셀프서비스는 회전율이 중요할수록 유리하나, 브랜드 이미지와 재방문율 확보에는 정성형 서비스가 더 효과적이다.

부산대 U닭갈비는 후문 입지, 소형 평수임에도 '테이블 볶음+무료 음료+무조건 응대' 전략으로 대기줄 생성

핵심 정리

1. 음식점은 매출을 좌우하는 핵심 변수(고객 수, 단가, 거래 기간)를 구조적으로 이해해야 한다.
2. 회전율형, 체류형, 프리미엄형으로 전략을 구분하고, 점포 특성에 맞는 메뉴 설계를 수립해야 한다.
3. 점심·저녁 타임 구분 운영, 단골 유도 타임 확보, 배달/HMR 대응으로 다각화 전략이 필요하다.
4. 업셀링 가능한 세트메뉴 구성, 메뉴판 설계, 서비스 방식 차별화가 고객 체류 시간과 만족도에 직결된다.
5. 고정비 절감보다는 객단가 상승·리뷰 기반 유입 확대 등 '수익성 중심 구조'로 접근해야 한다.

병의원
/학원

병의원과 학원은 공통적으로 '서비스형 점포'이면서, 신뢰성과 입지 가시성이 입지 성공의 핵심 변수이다. 다만, 대상 고객층의 이동 패턴과 입지 성격에 따라 전략이 극단적으로 달라진다.

☑ 병의원 전략 : 진료권 분석과 주간인구

병의원 개원의 성패는 진료 과목과 입지 궁합에 달려 있다.

• **배후 세대 중심형** : 내과, 소아과, 치과, 이비인후과, 가정

의학과 → 주택가, 재래시장, 교차로, 버스 정류장 인근
이 최적

- **유동인구 중심형** : 성형외과, 정형외과, 피부과, 비뇨기
과, 안과 → 역세권, 중심상업지구, 유흥·업무지구 인근
적합

병의원 입지 분석 시 '주간인구 = 상존인구'를 확인해야
하며, 외래진료권 기준 도심은 500m~1km, 교외는 3km 내
외다.

☑ 병의원 진료과목별 입지 전략

진료 과목 유형	추천 입지	입지 유의사항
내과 · 소아과 등	주택가, 교차로, 정류장	반경 1km 내 동일 진료과목 병의원 밀집도 조사 필요
피부과 · 비뇨기과	대학가, 시내 중심가	유동 인구 성비 · 연령층과의 적합성 고려
성형외과 · 안과	강남, 명동, 역세권	시인성, 건물 층수(2~5층) 등 가시성 확보 중요

☑ 학원 전략 : 대상 연령대별 입지 구분

학원 입지는 '교육 서비스'의 속성과 무형성 때문에 간판

보다 콘텐츠가 중요하다. 그러나 입지 선택은 대상 연령대
에 따라 완전히 달라진다.

대상 연령대	추천 입지	특징
초·중·고	주택가, 대단지, 이면도로	학습환경 + 통학 안전성 고려
성인·입시	대로변, 교통 요지, 학원 밀집지	가시성, 접근성, 클러스터 효과 중요

　　신규 창업 시 '오픈발'이 없어, 기존 학원 인수 시 학원장
의 직강 여부·수강생 현황·시설 상태를 반드시 점검해야 한
다.

핵심 정리

1. 병의원은 진료 과목의 특성과 입지 여건의 궁합이 핵심이다.
2. 주간인구 기반의 진료권 범위, 경쟁 병의원 조사, 집객시설 활용 여부를 사전에 점검해야 한다.
3. 학원은 무형 서비스의 특성상 입지보다 콘텐츠와 입소문이 중요하나, 대상 연령대에 따라 입지 유형은 달라진다.
4. 초등 대상은 주택가·이면도로, 성인 대상은 대로변·학원가가 적합하며, 가시성과 클러스터 효과를 활용할 전략이 필요하다.

트렌드 업종 분석
: 셀프미용, 하비프러너 등

"이런 업종도 될까?" 싶은 아이템이 상권을 바꾸고 있다.

전통 업종과 다른 고정비 부담 최소화와 SNS 확산 기반 유입 구조는 트렌드 업종만의 생존법이다.

☑ 셀프미용 업종 : 무인화 + 공간 효율의 혁신

최근 몇 년 새 급속히 성장한 셀프미용실(1인 컷·염색 전문) 은 인건비 부담 제거, 소형 점포 활용, 낮은 투자 대비 높은 회전율로 대표된다.

• 주 타깃층 : 10~30대 남성, 1인 가구 밀집지

- **유리한 입지** : 대학가, 원룸 밀집가, 역세권 서브라인
- **운영 방식** : QR예약 → 키오스크 결제 → 무인컷 운영
- **공간 구성** : 8~10평 이내, 파티션형 독립 좌석, 비대면 시스템
- **리스크** : 위생관리 미흡 시 브랜드 이미지 치명타
- **방어 전략** : 청결 루틴 영상화 + 후기 기반 확산

☑ 하비프러너 : '취미가 직업이 되는' 소규모 창업

SNS 유통망 확산과 소자본 창업 붐으로 하비프러너형 업종이 각광 받고 있다.

✧ 사례1

- **강아지 수제 케이크 공방** → 수제식 판매 + 원데이클래스 + 유튜브 운영

✧ 사례2

- **독립출판 + 북카페 융합형 점포** → 큐레이션 서적 판매 + 독서모임 + SNS 전시

이들은 공통적으로 30~40대 여성, 강한 스토리텔링, 카페형 공간 구성과 체험요소를 결합하여 '방문 이유'를 만든다.

☑ 트렌드 업종 공통 성공 전략

- **타깃 고객** : 20~40대 여성 + 1인 가구 + SNS 사용자
- **점포 구조** : 5~10평 소형, 무인/셀프 기반, 체험 공간 병행
- **유입 채널** : SNS 후기, 인스타그램 태그, 블로그 체험기
- **마케팅** : 오픈 전 티저 캠페인 → 후기 콘텐츠 강화
- **위험요소** : 시장 포화 + 단기 유행성 → 브랜드화 필수

핵심 정리

1. 트렌디 업종은 대체로 소자본·저위험 구조를 갖지만, 고객 유입 기반이 SNS·입소문에 집중된다.
2. 따라서 입지보다는 콘셉트, 후기, 체험 콘텐츠, 정교한 운영 시나리오가 핵심이다.
3. 셀프미용, 하비프러너형 공방, 독립콘텐츠 기반 복합매장은 공간의 재해석과 사용자의 참여 설계가 차별화 요소가 된다.
4. 유행을 넘어 지속 가능한 브랜드화 전략으로 전환하지 못하면 도태 위험이 크다.

6장

디지털 상권 분석과
스마트전환

소상공인365
실전 활용법

소상공인 상권정보시스템은 2025년초 '소상공인 365(bigdata.sbiz.or.kr)'로 전면 개편되었다. 기존 상권정보 시스템이 단일 기능 중심이었다면, 소상공인365는 상권 분석, 내 가게 진단, 트렌드 분석, 정책정보 통합 등 경영에 필요한 기능을 모두 아우르는 통합 플랫폼이다.

《상권의 정석》에서는 '상권 분석 리포트 다운로드'를 주로 활용했지만, 2편에서는 실제 창업과 운영 컨설팅에 필요한 기능 중심으로 실전 활용 흐름을 재구성한다.

☑ 플랫폼 개요와 핵심 기능

- **접속 경로** : https://bigdata.sbiz.or.kr
- **이용 대상** : 예비 창업자, 기창업자, 소상공인 컨설턴트 누구나
- **회원가입** : 소상공인24 계정과 연동 가능, 사업자 없어도 가입 가능

4대 핵심 메뉴

- 빅데이터 상권 분석 (간단/상세/배달/입지 지도)
- 내 가게 경영진단 (매출/수익/경쟁/고객 분석)
- 트렌드 분석 (인기 상권·배달·SNS 키워드 기반)
- 정책정보 올가이드 (지원사업·자금·교육 통합 조회)

☑ 실전 활용 흐름 ① : 창업 전 상권 분석

- '빅데이터 상권 분석' 클릭
- 간단분석 or 상세분석 선택
- **간단분석** : 클릭 한 번으로 입지별 매출·유동·경쟁 확인
- **상세분석** : 반경/다각/원형 설정 + 업종 선택 → 리포트 자동 생성

- 리포트 확인 항목
- 업종별 평균 매출
- 경쟁 점포 수 및 밀도
- 시간대별/요일별 유동인구
- 배달 매출 추이
- 고객 연령/성별/소득 분포
- PDF 다운로드 및 비교분석 저장 가능

❖ 예시

홍대입구 카페 창업을 위한 상세분석에서는 반경 500m 기준 약 300개 카페 분포, 20~30대 여성 비중, 토·일 중심 매출 집중 등의 데이터 확인 가능

☑ 실전 활용 흐름 ② : 기존 점포 경영 진단

- '내 가게 경영진단' 메뉴 클릭 → 사업자 등록번호 등록
- 경영 데이터 자동 연동
- 주변 상권 매출 평균과 내 가게 비교
- 업종별 배달·오프라인 매출 분포
- 요일별/시간대별 매출 집중도

- 고객층, 리뷰 수, SNS 키워드 등
- 수익 분석 시뮬레이션
- 투자금 입력 → 회수 기간별 목표 매출 자동 산출
- 일평균 방문객 수 목표 계산 기능 포함

☑ 활용 포인트 및 유의사항

- 정확도 보완을 위한 현장조사 병행 필수 → 임대료, 건물 층수, 시야 확보 등은 오프라인 확인 필요
- 상권 경계와 실제 생활권의 차이 인지 → 상권 단위 선택은 목적(창업 vs 확장)에 따라 다르게 설정
- 마이페이지 기능 적극 활용 → 내 가게 등록, 리포트 저장, 관심 지역 알림 설정 가능

핵심 정리

1. 소상공인365는 상권 분석, 창업 타당성 검토, 운영 성과 진단까지 가능한 통합 플랫폼이다.

2. 간단분석은 빠른 확인용, 상세분석은 실제 입지 결정용 리포트로 활용 가능하다.

3. 내 가게 등록 시 매출·경쟁·고객·배달·수익성까지 연동 분석되어 현장 컨설팅 도구로 유용하다.

4. 모든 리포트는 PDF 저장이 가능하며, 오프라인 상권 조사와 병행할 때 정확도가 높아진다.

5. 컨설턴트라면 마이페이지의 '관심지역·분석이력' 기능을 통해 반복 분석을 시스템화할 수 있다.

오픈업 상권 분석시스템
실전 활용법

이제는 상권 분석도 감이 아닌 데이터 기반의 판단이 필요한 시대다. 그 흐름 속에서 주목받는 민간 플랫폼이 바로 '오픈업(OpenUp)'이다. 오픈업은 '핀다(FINDA)'라는 금융 데이터 스타트업이 운영하는 전국 단위 상권 분석 시스템으로, 기존 공공 플랫폼의 한계를 보완하고 개별 점포 단위 매출 추정, 업종별 소비 패턴, 경쟁 분석까지 지원한다.

☑ 오픈업의 특징과 접속 방식

• **운영사** : 핀다(FINDA)

- **접속** : https://openup.today 또는 포털 검색 '오픈업 상권 분석'
- **대상 지역** : 전국 가능 (서울, 수도권, 지방 도시까지)
- **이용 대상** : 예비 창업자, 자영업자, 프랜차이즈 본부, 소상공인 컨설턴트
- **회원가입** : 이메일 등록 후 무료 사용 (로그인 필요)

☑ 기능 구성과 분석

상권 설정

- 지도 기반 원형·사각형·다각형 지정
- 주소검색 또는 '내 위치 기반 설정' 가능
- 업종 필터링 및 분석
- 전체 → 음식·서비스·소매 업종 선택
- 세부업종별 매출 총액, 점포 수, 월별 추이 확인
- 결제 시간대, 요일, 성·연령별 비중 제공

소비자 특성 vs 주거 인구 비교

- 결제자(실소비자)와 상권 내 주거자 데이터를 구분 제공

- 유입형 상권인지 지역 기반 상권인지 판단 가능

점포별 매출 분석

- 상권 내 개별 매장 리스트 제공
- 매출 추정액 기준으로 정렬하여 상·하위 점포 비교
- 상위 브랜드 확인 가능 (예: 아웃백, 스타벅스 등)

실전 예시 : ○○상권 분석 흐름 요약

분석 항목	데이터 예시	분석 포인트
총 매출	10월 약 318억 원	상권 규모 파악
음식업종 매출	약 147억 원	업종 집중도 판단
업종별 매장 수	음식점 360개	경쟁 강도 측정
최고 매출 점포	아웃백 약 4.6억 원/월	롤모델 벤치마킹
시간대별 매출	20~22시 집중	영업시간 전략 수립
소비층	남성, 20~30대	타깃 고객 설정
주거인구	40~60대 중심	유입형 상권 확인

☑ 활용 전략 요약

- **창업 전** : 입지별 업종 매출 추이, 유입 소비자 특성 분석
- **기존 운영자** : 경쟁도·매출 비교, 피크 시간대 파악
- **마케팅** : 주고객군(성·연령) 기반 콘텐츠 설계
- **브랜딩** : 상위 매출 점포 벤치마킹 후 콘셉트 반영
- **리스크 관리** : 유동 부족/경쟁 과잉 입지 사전 회피 가능

핵심 정리

1. 오픈업은 핀다가 운영하는 전국 단위 상권 분석 시스템으로, 업종별 매출 수준, 소비자 특성, 매장별 매출 추정까지 시각화된 데이터로 제공한다.
2. 공공 플랫폼의 한계였던 '점포 단위 분석', '경쟁 점포 실명 확인', '결제 패턴 추정'을 보완하여 예비창업자와 운영자 모두에게 전략적 도구가 된다.
3. 주거인구와 유입 소비자의 차이를 확인하고, 점포 간 벤치마킹을 통해 실제 창업 전략을 구체화할 수 있다.
4. 데이터는 카드 매출 기반 추정치로, 참고용으로 활용하되 현실 점검과 병행하는 것이 바람직하다.

AI 기반 유동인구
예측 사례

　예전에는 점포 앞에서 직접 사람 수를 세던 시절이 있었다. 하지만 지금은 이동통신사·신용카드사·지방정부·플랫폼 기업이 확보한 실시간 빅데이터를 기반으로 유동인구를 예측하고, 그 흐름에 따라 매출 추정, 적합 업종 추천, 혼잡도 예보까지 제공하는 시대다.

　이 장에서는 AI 기반 유동인구 예측이 실제 상권 분석에서 어떻게 활용되는지, 그리고 창업 입지 및 시간 전략 수립에 어떤 영향을 미치는지를 살펴본다.

☑ 유동인구 데이터는 어떻게 확보되나?

AI 기반 유동인구 분석은 다음과 같은 데이터 소스를 기반으로 작동한다.

데이터 출처	주요 내용	대표 활용 기관
이동통신사 (SK, KT, LG)	기지국 접속 데이터 기반 실시간 이동량	오픈업(OpenUp), 소상공인365
카드사	시간대 · 지역별 소비/결제 수	BC카드 빅데이터 센터
행정 데이터	거주 · 근무 · 시설 통계 기반 인구 흐름	서울시 열린데이터광장
플랫폼	네이버 · 카카오 맵 방문량, 위치 히트맵	네이버 비즈니스 데이터랩 등

이 데이터들을 AI가 학습하고, 요일/시간/계절/이벤트 등 변수를 반영해 예측모델을 생성한다.

☑ 예측 적용 사례 ① : 홍대입구 카페 입점 전략 수립

- 예비 창업자 A씨는 홍대입구역 9번 출구 인근 카페 입지를 분석하기 위해 소상공인365와 오픈업(OpenUp) 시스템을 활용했다.

시간대별 유동인구 예측 결과 :

- 평일 13~15시, 주말 14~17시 → 여성 20대 중심 유입 집중

예상 매출 예측 :

- 유입 인구 × 평균 내점률(7%) × 객단가 7,000원 → 예상 일매출 120만 원 수준

A씨는 이를 바탕으로 이중 테이블 배치, 1인 좌석 + 스터디존 강화, 오후 시간대 아메리카노 리필 마케팅을 설계하였다.

☑ 예측 적용 사례 ② : 마포구 음식점 리뉴얼 타이밍

- 기존 식당 B점은 점심 집중형 메뉴 구조였으나, 오픈업 (OpenUp) 분석 결과 퇴근 시간대 유동인구 증가 추세 확인
- AI 예측 모델은 2개월 후부터 18~21시 유동이 25% 이상 증가할 것으로 전망
- **대응 전략** : 저녁 주류메뉴 확대 + 해피아워 도입
- 결과적으로, 3개월 후 일매출 27% 증가 효과 달성

☑ AI 기반 예측이 가져오는 변화

항목	전통 방식	AI 기반 방식
유동인구 측정	현장 수기 카운트	실시간 기지국 데이터 기반 예측
고객층 분석	감에 의존한 추정	연령 · 성별 · 소득별 유입 분석
매출 추정	단순 내점률 곱셈	유입 + 업종 반응률 + 시계열 패턴 학습
시간 전략	일평균 기준 단일화	시간대별 집중도 기반 배치 최적화

핵심 정리

1. AI 기반 유동인구 예측은 창업 및 점포 운영에 있어 시간과 공간의 전략 수립을 정밀화한다.
2. 기존의 정적 분석(점/면 단위)에서 벗어나, 시간대별 흐름을 중심으로 입지 경쟁력을 판단할 수 있다.
3. 예측 기반 상권 분석은 고객군 파악, 마케팅 설계, 리뉴얼 타이밍 조정에 직접적인 영향을 주며,
4. 향후에는 매장 설계, 스태프 배치, 가격정책까지 연결될 것이다.

스마트상점·무인매장과 상권 변화

2020년 이후, 자영업 현장에 가장 큰 영향을 준 변화 중 하나는 스마트 기술의 보편화다. 무인 운영, IoT 기반 결제 시스템, 실시간 재고 모니터링, AI 키오스크 등이 일반화되면서 상권도 점포 중심에서 '기술-공간-데이터' 중심 구조로 바뀌고 있다.

☑ 스마트상점이란 무엇인가?

- 중소벤처기업부가 도입한 스마트상점이란, 다음과 같은 기술을 갖춘 소상공인 점포를 말한다.

- 무인 계산·출입 시스템 (스마트게이트, POS 연동)
- 주문·결제 통합 키오스크
- 실시간 재고 센서, 자동 발주 연동
- 디지털 사이니지 및 고객 행동 분석 카메라
- 태블릿 메뉴판, AI 상담 로봇, 음성 주문 도입

스마트상점 기술은 인건비 절감, 회전율 향상, 비대면 수요 대응, 데이터 축적 기반 마케팅의 효과를 기대할 수 있다.

☑ 무인매장이 가져온 입지 전략의 변화

기존 점포는 입지의 가시성과 접근성이 핵심이었다면, 무인매장은 임대료 대비 효율, 24시간 운영 가능성, 무인 보안 장치가 더 중요해졌다.

- **기존 입지 전략** : 대로변, 역세권, 교차로 코너 등
- **무인매장 입지 전략** : 이면도로, 골목, 상가 내 내측 공간
  → 고정비 최소화 중심

예를 들어, 무인 밀키트 전문점이나 무인 아이스크림 매장은 역세권 인근 이면도로, 소형 근린상가 5~10평 내에 입점하여도 충분한 유입과 수익성을 확보하고 있다.

☑ 상권 단절 요인을 넘어서는 스마트 전략

《상권의 정석》에서는 학교, 공원, 가드레일, 대로, 계단 등을 '상권 단절 요인'으로 정리한 바 있다. 그러나 스마트상점은 이런 물리적 단절 요인을 무력화하거나 우회할 수 있는 전략을 제공한다.

아래는 각 상권단절요인에 따른 스마트 대응전략이다

- **가드레일·도로** : 배달앱 연동, 픽업 스테이션 설치
- **상가 내 2층 이상** : QR예약 + 안내 사이니지 설치
- **시간제한 입지 (오피스·학교)** : 24시간 무인 운영으로 시간 보완
- **인건비 부담** : 무인 POS + CCTV 운영

☑ 스마트상점 상권 변화 사례 : 무인 복합 라면매장 '신구명가게24'

- **전국 확장 중인 무인매장 사례/창업지** : 서울 도봉구 창동점 → 기존 무인편의점 구조에 조리형 라면 공간을 접목한 하이브리드 무인매장
- **기술 구성** : 키오스크 주문, 토핑 선택 후 직접 조리, 음료·간편식 동시 판매

- **운영 방식** : 24시간 무인 운영, 카드결제 전용, 조리석 + 복합공간 구성
- **차별화 포인트** : 컵라면이 아닌 실제 조리형 라면을 즐길 수 있는 조리 공간을 구성하여, 한강 둔치·공원·주거 밀집지 등에서 편의성과 경험성을 동시에 만족
- **성과** : 도봉구 창동점을 시작으로 통영, 청주, 포항, 화성, 은평, 목동 등으로 전국 확장. 낮은 투자 대비 고급화된 공간 인테리어와 편안한 무인 운영으로 10~30대 고객의 만족도 및 재방문율이 높은 구조 확보. '신구멍가게24'는 무인운영 + 셀프조리 + 간편식 구색 강화를 통해 단순 편의점에서 고객 체류형 스마트상점으로 진화한 대표 사례다.

핵심 정리

1. 스마트상점과 무인매장은 단순한 기술 채택을 넘어 입지 전략, 고객 대응 방식, 운영 구조 전체를 바꾸는 상권 변화 요인이다.

2. 무인 운영 기반의 점포는 높은 유동보다도 낮은 고정비, 장시간 운영, 위치 유연성에 최적화되어 있으며,

3. 스마트 기술은 전통 상권의 단절 요인을 뛰어넘는 구조적 대안이 될 수 있다.

4. 소상공인 창업자와 컨설턴트 모두, 스마트 기술이 만들어내는 '비입지형 경쟁력'을 주목해야 한다.

SNS 브랜딩과 상권
영향력 확장

오프라인 매장의 홍보 범위는 더 이상 반경 500m로 제한되지 않는다. SNS는 고객에게 정보를 전달하는 채널을 넘어, 브랜드와 상권의 경계를 넓히는 확장 도구가 되었다. 특히 소상공인, 독립점포, 초기 창업자에게 SNS는 낮은 비용으로 높은 파급력을 갖는 브랜딩 플랫폼이다.

☑ SNS가 상권을 만든다 : 망리단길 사례

망원동 구길은 한때 평범한 주거지 이면도로였다. 하지만 SNS에서 예쁜 디저트 사진과 카페 외관이 퍼지며 '망리단길'

이란 이름이 생겼고, 이후 인스타그래머블한 공간들이 몰리며 신규 상권이 형성되었다.

- **초반 입점 업종** : 감성 카페, 수제 디저트, 라이프스타일 소품
- **확산 경로** : 인스타그램 해시태그 → 블로그 체험기 → 유튜브 브이로그
- **상권 특성** : 거주지 기반이 아닌 콘셉트 기반 목적 방문 상권

"SNS는 브랜드를 확산시키는 것이 아니라, 공간 자체를 브랜딩한다."

☑ 상권 영향력 확장의 3단계

단계	특징	실전 활용 전략
노출	사진·영상 기반 콘텐츠 노출	인스타그램 해시태그, 네이버 지도 등록
관계	고객과의 반복적 접점 형성	DM 응답, 후기 리그램, 댓글 이벤트
확장	오프라인 공간의 권역 확장	방문 유도 콘텐츠 → 상권 외 유입 유도

☑ SNS 마케팅이 실제 매출로 연결된 사례들

- 망리단길 디저트 카페 'ㅇ 월베이커리' → 블로그 후기 + 지도 리뷰 기반으로 10km 외 지역 유입률 40% 기록
- 떡볶이 프랜차이즈 J사 → 대표 메뉴 개발 → SNS 선공개 → 전국적 유입 → 외식 프랜차이즈화 성공
- BTS 사례 → 유튜브, 트위터 중심 자가 브랜딩 → 월드와이드 팬덤 확보상권의 정석

☑ 실전 적용 : SNS 브랜딩 설계 요소

- **콘셉트 통일성** : 점포 외관, 메뉴, 포장, SNS 피드 구성까지 한 흐름으로 기획
- **고객 참여 유도** : '헛걸음 인증', '방문 도장 쿠폰', '후기 선물' 등 반복 노출 장치
- **디지털 입지 확보** : 네이버 지도 리뷰, 구글 지도 리뷰, SNS '위치 등록' 필수
- **운영계정 전략** : 개인계정 기반 운영이 신뢰 유리 / 업체계정은 노출형으로 최적화

핵심 정리

1. SNS는 상권을 바꾸는 도구가 아니라 새로운 상권을 창출하는 주체로 기능한다.

2. 콘셉트 기반 점포일수록 SNS 브랜딩의 파급력은 커지며, 실제 물리적 입지 한계를 극복할 수 있다.

3. 소상공인은 SNS를 홍보 채널이 아닌, 장기 고객 관계 구축 + 상권 확장 플랫폼으로 활용해야 한다.

4. 브랜딩의 핵심은 반복 노출 + 일관된 콘셉트 + 고객 참여이며, 디지털 상권 구축이 곧 실물 매출과 연결된다.

7장

사업 정리의 정석

왜 사업 정리를 전략적으로 준비해야 하는가?

장사는 시작보다 끝이 어렵다. 이 책에서 우리는 입지를 고르고, 상권을 분석하며, 예상 매출을 추정해 창업의 성공률을 높이는 방법을 이야기해왔다. 하지만 현실은 언제나 이상과 다르다. 정리해야 할 때도 분명히 존재한다. 그런데 많은 사장님들이 '정리'를 늦춘다. 감정 때문이다. 자존심, 후회, 본전 생각…, 그리고 '내가 실패한 건가?'라는 생각이 발목을 잡는다.

☑ 실패가 아닌 '퇴각'이라는 전략

군사 전략에도 '전술적 퇴각'이라는 개념이 있다. 정면 승부가 불리할 때 병력을 보존하고 전선을 재정비하는 방식이다.

장사도 마찬가지다. '망하지 않기 위해 정리한다'라는 관점이 필요하다. 이는 패배가 아니라, 다음 기회를 위한 구조조정이다.

☑ '콩코드 오류'에 빠지지 마라

1960년대, 영국과 프랑스는 초음속 여객기 콩코드 개발에 막대한 비용을 들였다. 경제성이 없다는 수많은 분석에도 불구하고 "지금까지 투자한 돈이 얼만데!"라는 이유로 개발을 계속했다. 결국, 수익 없이 2003년 퇴역했다. 이건 단지 항공기 개발 이야기만이 아니다. 장사에서도 이런 일이 자주 일어난다. 이미 인테리어에 몇천만 원, 기곗값에 몇백만 원, 권리금에 몇천을 썼기 때문에 '이대로 접을 수 없다'라고 한다. 그렇게 버티다 진짜 손실이 커진다.

☑ '결정'이 늦을수록 기회비용은 커진다

하루하루 적자를 내는 매장에 사장님이 계속 앉아 있는

건, 다른 좋은 입지를 찾을 시간도, 자금을 모을 여유도 잃는다는 뜻이다. 한 사장님은 장사를 1년만 더 하겠다고 버텼지만, 결국, 1년 뒤 권리금은 없었고, 보증금도 일부 못 돌려받았고, 마침내 월세 미납과 철거비를 빚으로 떠안았다.

반면, 어떤 사장님은 폐업을 6개월 앞당겨 결정했고, 희망리턴패키지를 활용해 철거비를 지원받고, 점포를 깔끔히 정리했다. 이 차이가 의외로 수천만 원이 된다.

☑ '정리'도 계획이 필요하다

상권 분석이 출점 때만 필요한 게 아니다. 점포를 정리할 때야말로 진짜 분석이 필요하다.

- 지금 상권 흐름은 어떠한가?
- 경쟁점 수는 얼마나 늘었는가?
- 고정 고객 비율은 얼마나 되는가?
- 임대차 계약은 언제까지인가?

이런 항목들을 통해 정리 시점을 판단해야 한다.

권리금이나 양수도는 어떻게 하면 되나요?

→ 그것은 다음 2절에서 자세히 다룬다.

여기서는 그보다 앞선 질문,

"왜 지금 이 결정을 해야 하는가"를 이야기하고 싶었다.

 핵심 정리

1. 폐업은 패배가 아닌 '전략적 퇴각'이다.
2. 본전 생각, 감정은 '콩코드 오류'를 만든다.
3. 정리 결정을 늦출수록 기회비용은 커진다.
4. 상권 분석은 폐업 시점 판단에도 반드시 필요하다.

점포 폐업 vs 점포 양수도
: 무엇이 더 유리한가?

사장님 입장에서는 누구보다 애써 만든 가게다. 인테리어 공사부터 집기 세팅, 메뉴 개발까지 수천만 원이 들어갔다. 이제 그 가게를 넘긴다고 하면, 당연히 본인이 투자한 만큼은 회수하고 싶다.

문제는 이 마음이 점포 양수도의 발목을 잡는다는 것이다. 대부분의 사장님들이 '점포를 팔 수는 있다'라고는 생각한다. 실제로 양도 게시글도 올리고, 당근이나 점포거래 플랫폼에 사진도 올린다. 그런데 권리금 협상에서 끝내 접지 못해 결국 '폐업'이라는 최악의 시나리오로 전환된다.

☑ 권리금, 감정이 아닌 감가상각으로 계산하라

권리금은 세 가지로 구성된다.

- **바닥권리금** : 입지에서 오는 자리값
- **시설권리금** : 인테리어, 집기, 설비 등 유형 자산
- **영업권리금** : 단골, 매출기록, 리뷰 등 무형 자산

이 중에서도 시설권리금은 흔히 감가상각 방식으로 조정한다. 보통 인테리어 수명은 5년을 기준으로 삼는다. 예를 들어, 5천만 원을 투자해 3년간 사용했다면, 2년 치에 해당하는 잔여 가치는 2천만 원 정도로 계산하는 것이다. 상대방에게 납득 가능한 논리와 수치를 제시하지 못하면 협상은 늘 감정싸움이 되고 만다.

☑ 점포 양수도를 위한 조건 4가지

'양수도'가 가능한 점포는 정해져 있다. 아래의 조건 중 2가지 이상 충족하면 성사 가능성이 높다.

- **입지 경쟁력** : 교통·유동이 보장된 위치인지, 시야 가시성은 확보됐는지

- **최근 매출 흐름** : POS 데이터, 배달앱 주문, 손익표 제시 가능 여부
- **시설 상태** : 교체 없이 바로 영업 가능한 수준인지 여부
- **임대조건 안정성** : 임대료, 보증금, 잔여 계약 기간이 양도자에 유리한 구조인지

☑ 점포를 못 넘기고 결국 폐업하게 되는 이유

가장 흔한 실패 원인은 바로 '마음값'을 가격에 얹는 것이다.

내가 여기에 쏟아부은 시간과 노력, 밤새 만든 레시피, 직접 고른 조명 하나하나까지 다 가격에 포함하고 싶은 게 사람 심리다. 하지만 이 모든 건 시장가에는 반영되지 않는다.

양수인 입장에서는 "지금 바로 영업이 가능한가?", "입지에 비해 임대료는 괜찮은가?", "손익분기점은 얼마나 되는가?"만 본다. 이런 관점이 엇갈리면 거래는 무산되고, 결국 사장님은 원상복구와 철거를 직접 진행해야 한다.

☑ 임대차 종료가 임박했을수록, 양수도 성사 가능성은 높아진다

흥미로운 사실 하나. 양수도가 성사되는 시점은 의외로 임대차 만료일 직전인 경우가 많다. 폐업을 앞두고 '철거 비용' 견적을 받아보면 200~300만 원은 기본이고, 정산되지 않은 보증금에서 빠질 항목이 한둘이 아니다. 이때 마음을 비우고 권리금을 일부 양보하면, 철거 대신 일부라도 회수 가능한 기회로 바뀌는 것이다.

실제로 계약 종료 2주 전, 권리금을 800만 원에서 400만 원으로 내린 뒤 성사된 사례가 여럿 있다. 사장님의 입장에서는 마음은 아프지만, 그게 '현명한 정리'였다.

점포 양수도와 폐업의 비교

구분	점포 양수도	폐업
절차	계약서+인수인계	철거+폐업신고+인건비 정산 등
비용	중개수수료 등	철거비, 위약금, 재고처리비용 등
권리금 회수	가능	없음
심리적 부담	협상과 양보의 과정	상실감, 패배감 발생
재창업 준비	일정 자금 확보 후 준비 가능	유동성 확보에 한계

핵심 정리

1. 권리금은 감정이 아닌 감가상각으로 계산하라.
2. 양수도를 고려할 때는 매출·시설·임대조건의 객관성 확보가 필요하다.
3. 폐업은 생각보다 비용이 많이 드는 선택이다.
4. 임대차 종료일이 다가올수록 '권리금 양보'를 통해 거래가 성사되는 경우가 많다.
5. 무엇보다 중요한 건 '마음을 비우는 것'이다. 감정은 접고, 계산과 현실을 받아들여야 손해를 최소화할 수 있다.

점포 양수도
실전 전략

"양수도는 타이밍 싸움입니다."

점포를 넘기겠다고 마음먹었을 때, 대부분의 사장님은 사진 몇 장 올리고 '연락 주세요' 문구를 넣는 것이 양수도 전략의 전부라고 생각한다. 하지만 실제 양수도는 훨씬 더 세밀한 정보 정리, 명확한 타깃 설정, 협상 전략이 결합되어야 성사 가능성이 높아진다.

누구에게 넘겨야 하는가? 양수도 전략의 출발점은 '점포 유형' 구분부터 점포 양수도의 시작은 막연한 매물 등록이 아니라, 내 점포가 누구에게 필요한 점포인지 정확히 구분하는 것이다.

이를 위해선 먼저 자신의 점포를 '매출 많은 점포'와 '매출 적은 점포'로 나누어 전략을 구분해야 한다.

☑ 1. 매출 많은 점포 : 현재 업종 유지, 동일업종 예비 창업자 대상

매출이 안정적으로 발생하고 있는 점포는 그대로 인수 받아 영업하려는 '동일업종 예비창업자'가 주요 타깃이 된다. 이 경우, 현재의 브랜드력·매출·고객층이 곧 '영업권리금'으로 환산될 수 있다.

아래는 점포유형별 예비 유력 양수인 예시이다

- **배달형 분식집** : 기존 치킨·도시락 창업자 또는 배달 전환자
- **병원 옆 카페** : 1인 운영 커피창업자 또는 간호사 출신
- **사무실 중심 도시락점** : 회사 퇴직 후 창업하려는 40대 초반 남녀

이 경우에는 레시피 전수, 단골 명단, 기존 운영 방식 등의 '운영 노하우 패키지'가 양수도 결정에 핵심 요인이 된다.

☑ 2. 매출 적은 점포 : 업종 전환 중심, '적합 업종 + 예비 창업자' 매칭 전략

문제는 매출이 낮은 점포다. 이 경우 단순히 "내 점포 사세요"가 아니라, '이 자리에는 어떤 업종이 적합한가'를 먼저 분석해야 한다. 즉, 상권 분석을 통해 업종 전환 가능성이 높은 방향을 찾아야 한다.

아래는 업종전환 간단한 예시이다

현재 업종	상권 특성	적합 업종	타깃 양수인
중식 배달점 (매출 저조)	유동인구 많고 여성 고객 비중 높은 상권	디저트 카페, 포장 위주 점포	디저트 브랜드 예비 창업자
낡은 분식점	1인 가구 많은 원룸 상권	소형 반찬가게, 편의형 테이크아웃	1인 창업 희망 중장년층
오래된 슈퍼마켓	인근 어린이집 · 학원 밀집	아동 간식 전문점, 아동 문구점	여성 소자본 창업자

이처럼, 상권에 맞는 업종 전환 제안과 함께 예비 창업자 커뮤니티나 해당 업종 프랜차이즈 본사와의 연결이 양수도 성공의 핵심 포인트가 된다.

요약하자면, 매출 많은 점포는 '현업 유지형 양수도' 매출 적은 점포는 '업종전환 기반 적합업종 매칭형 양수도' 이 구분만 제대로 해도, 무리한 권리금 책정이나 거래 지연을 막을 수 있다. 양수도는 '누가 살지'가 아니라 '누가 필요로 할지'를 중심으로 설계해야 성사율이 올라간다.

☑ 자료 정리 : "보여줄 수 있는 것"이 거래를 만든다

양수도는 감정이 아니라 숫자와 사실의 싸움이다. 양수자가 가장 중요하게 보는 건 "진짜로 이 점포가 먹고 살 수 있는가?"이다. 다음 항목들을 준비해야 협상이 시작된다.

양수도 필수 준비자료 리스트

- **임대차 계약서** : 잔여기간, 보증금, 월세 등 사본 PDF
- **매출 증빙자료** : POS, 배달앱, 월간 손익표 등 엑셀/사진
- **시설목록** : 집기, 기기, 비품 일람 + 감가상각 반영가 체크리스트
- **사업자등록증** : 양도 계약을 위한 기본 서류 스캔본
- **상권 분석 요약자료** : 배후 세대, 유동인구, 경쟁점 상황 도면/보고서 요약

이렇게 준비된 자료는 양수인의 신뢰를 높이고, 협상력을

유지하는 수단이 된다. '정리하려는 입장'이라고 해서 끌려 갈 필요는 없다.

☑ 양수도 매물 브랜딩 : 나의 점포를 '상품화'하라

많은 사장님들이 '매물 홍보'를 단순히 사진 한 장, 한 줄 설명으로 끝낸다. 하지만 요즘은 점포도 '브랜딩'하고 '포장' 해야 팔린다.

매물 소개서 작성 예시

점포 기본 정보

- 상호명 / 위치 / 면적 / 층수 / 보증금 / 월세 / 권리금 / 주매출 / 객단가

매출 포인트

- 배달앱 별점 4.7 이상, 월 280건 이상
- **주 고객층** : 인근 사무실 직장인 / 평일 점심 매출 중심
- 월 평균 매출 약 1,100만 원 / 순이익 약 250만 원

양수 포인트

- 메뉴 레시피 제공 가능
- 주방설비 대부분 교체 1년 이내

• 임대인 협조적, 재계약 의사 있음

이런 식의 요약 브리핑은 플랫폼 노출 시 신뢰성과 클릭률을 높인다.

☑ 플랫폼 활용 전략 : 어디에 어떻게 올릴까?

주요 직거래 플랫폼

• **당근부동산** : 지역 기반 노출력 탁월, 사진 중심으로 체감도 높은 홍보 가능, 무료 등록

• **네이버 부동산** : 지도/검색 필터 강력, 위치·면적·임대 조건 위주로 조건 매칭에 유리

• **창업자 커뮤니티** (예 : 아프니까 사장이다, 전국 창업맘) : 실제 예비창업자·폐업준비자 밀집, 업종별 정보공유 활발, 상권 전환형 양수도 매물에 특히 효과적

• **오픈채팅 / 동네 기반 창업 오픈톡** : 즉시 응답 가능, 신속성 높음, 개인 대 개인 매물 교류 활발 (단, 신뢰 확보 필요)

활용 팁

• 당근마켓 + 창업자 커뮤니티 + 오픈채팅 병행 시 매수

자 접근 채널이 다양화되어 성사율 높아짐

- 게시물 작성 시 권리금 근거, 예상 매출, 운영 포인트를 숫자로 보여주는 방식이 가장 효과적
- 커뮤니티 글 작성 시 "점포의 적합 업종"과 "양도 사유의 진정성"이 클릭률을 결정짓는 요소임

☑ 가능한 많은 공인중개사에게 의뢰하라

양수도를 준비하는 사장님들이 간과하는 것이 있다. 바로 "직거래로 점포를 팔아보겠다"라는 생각이다. 물론 당근, 카페, 오픈채팅 등의 직거래 플랫폼 활용도 중요하지만, 실제로 점포 양수도 거래의 상당수는 공인중개사를 통해 성사된다.

☑ 상가 중개 시장의 현실 : 뒷박과 양타

공인중개사들은 상가 중개 시 통상적으로 임대인 또는 양도인, 양수인 또는 임차인 중 한쪽만을 대리하여 수수료를 받는 것이 원칙이다.

유형	설명	문제점
뒷박	기존에 해당 매물을 보유하고 있는 중개인을 배제하고, 양타(쌍방 중개수수료)를 목적으로 다른 중개인이 몰래 계약을 진행하는 것	신뢰관계 훼손, 수수료 이중 지급 요구, 계약 분쟁 가능성
양타	한 중개인이 단독으로 양도인과 양수인 거래를 성사시켜 양측 모두로부터 중개수수료를 수취하는 것	법적 위법은 아니나, 정보 비대칭 및 이해충돌 우려 존재

특히 뒷박은 실무적으로 A 중개사가 소개해 준 양수인을 B 중개사가 가로채거나, 양수인에게 직접 연락해 거래를 성사시켜 수수료를 독점하려는 경우가 많다. 이런 행위는 표면적으로 불법은 아닐 수 있으나 명백히 부당한 중개행위이며, 업계에서 지탄의 대상이 된다. 따라서 다수의 중개사에게 정식으로 의뢰하고, 권리금 수준과 인수 조건, 사진, 요약 자료를 동일하게 제공함으로써 많은 공인중개사의 예비 가망 고객에게 점포가 노출되도록 만드는 것이 중요하다.

◇ 공인중개사에게 보낸 문자 사례

• **협상 전략** : 권리금은 '심리 + 수치'로 설득하라

양수도 협상에서 가장 흔한 질문은 "이 권리금, 어떻게 산

정된 거예요?"이다. 이때, 답변이 "그냥 그 정도 썼어요"가
아니라, "총시설투자비 5,000만 원 중 3년 사용해서 감가상
각 반영했고, 배달앱 매출 기반 영업권리금 일부 포함입니
다."라고 설명하면, 협상은 훨씬 빠르게 진척된다.

✧ 권리금 조정 TIP

- **양수인이 주저함** : 시설권리금 일부 감면 + 레시피 전수
  옵션 제공
- **임대차 기간 짧음** : 임대인 재계약 의사 여부 명확히 고지
- **시즌 오프 비수기** : 월세 감면 혜택 기간 설정으로 유인

계약 전 유의사항

- **임대인 동의 필수** : 양도계약은 임대차와 분리될 수 없
  다.
- **권리금계약서/인수인계서 별도 작성** : 구두 약속은 위험하
  다.
- 잔금일 전까지 각종 공과금 정산 필수
- 폐업 신고/사업자등록 말소는 '계약일 기준' 확인

핵심 정리

1. 양수도 성사율은 '타깃 설정'과 '정보 준비'에 달려 있다.

2. 브랜딩된 매물 소개는 점포도 '팔리는 상품'으로 만든다.

3. 권리금은 감정이 아니라 구조화된 설명으로 설득해야 한다.

4. 플랫폼은 '당근+전문사이트' 병행이 유리하다.

5. 계약은 반드시 서면 + 임대인 협의까지 포함해야 완성된다.

폐업을 위한
제도 활용 전략

☑ **희망리턴패키지 : 폐업, 재창업, 취업 종합지원사업**

(주관 : 중소벤처기업부 / 운영 : 소상공인시장진흥공단)

위기 소상공인의 사업 정리, 재창업, 취업까지 전 과정에 걸친 종합적 지원 프로그램이다.

■ **주요 프로그램 구성**

• **사업 정리 컨설팅** : 재기 전략, 부동산, 세무, 심리, 직무 등 최대 3개 분야 컨설팅

• **점포철거비 지원** : 전용면적 3.3㎡당 20만 원 이내, 최대

400만 원까지 (부가세 제외)

- **법률자문 서비스** : 임대차·세무·노무·금융 등 전문 변호사 연계
- **채무조정 지원** : 파산·회생 신청, 워크아웃 서류 작성 등 대면·서면 지원
- **특화 취업지원** : e러닝, 현장교육, 전직장려수당(최대 100만 원) 지급 가능
- **재기 사업화 지원** : 교육 + 사업화 자금 최대 2,000만 원 (총사업비의 50% 자부담)

☑ 서울시 새길여는 폐업지원사업

(주관 : 서울신용보증재단 / 대상 : 서울시 점포형 소상공인)

서울시 내 폐업 예정 소상공인 대상으로, 교육·컨설팅·비용지원·재취업 연계 등 종합 솔루션을 제공하는 지역 특화형 사업이다.

■ 주요 지원 항목

- **교육** : 마인드셋 교육(온라인 10시간), 수료증 필수
- **컨설팅** : 전문 컨설턴트 2회 방문, 사업 정리 + 취업 연

계 내용 포함

- 비용지원 (최대 300만 원)

- 점포 원상복구비

- 부동산 중개 수수료

- 양도 광고비

- 기술훈련(재취업/재창업) 교육비

- 임차료(최대 6개월분)

- 기자재 보관 및 수리비

☑ 고용노동부 연계 지원사업 : 구직 전환 또는 취업 목적일 경우

■ 주요 활용 제도

- **취업성공패키지** : 폐업 확인된 자영업자 대상 상담-직업 훈련-취업 매칭 제공

- **국민내일배움카드** : 최대 300~500만 원 직무 교육비 지원 (직업훈련, 국가기술자격 포함)

- **실업급여** : 고용보험 가입 및 폐업 신고 확인 시, 구직활동 전제로 수급 가능

☑ 폐업 절차 및 체크사항

■ 폐업 전 체크리스트

- **임대차** : 계약만료 시점, 보증금 반환, 원상복구 조건, 임대인 협의

- **시설 집기** : 매각 가능 물품 리스트, 매각 희망가, 철거 견적 비교 (2곳 이상)

- **세무/노무** : 폐업 신고, 종합소득세, 4대 보험 탈퇴, 급여 및 퇴직금 정산

- 직원·거래처 해고 통보 및 거래 종료 계획 수립

- **매물 등록** : 온라인/오프라인 중개사 및 플랫폼에 등록, 권리금 설정 검토

■ 절차 요약

- 폐업 의사 결정 및 정리 전략 수립
- 매각 가능성 검토 및 플랫폼/중개사 등록
- 철거 및 정산 견적 확보
- 희망리턴 또는 새길여는 사업 등 지원사업 신청
- 폐업 신고는 가장 마지막에 진행하는 것이 좋음

점포 유형별 정리 전략
(계약·시설·가맹 조건 중심)

정리 전략은 매출이나 감정보다, 임대차 계약 조건, 시설 상태, 가맹 여부 같은 객관적 조건에 따라 훨씬 명확히 구분된다. 이 절에서는 실전 정리를 위한 전략을 다음 세 가지 변수 중심으로 유형화한다.

☑ 유형 ① 임대차 계약 잔여기간에 따른 정리 전략

잔여기간 6개월 이상

특징

- 점포 정리에 대한 시간적 여유가 충분함
- 양수도 협상력 확보 가능
- 정리 시점과 방식에 대해 전략적으로 선택 가능

전략
- 권리금 감가상각 적용, 적정가로 양수도 계획 수립
- 점포 브랜딩 + 사진 촬영 + 입지 포인트 정리
- 공인중개사, 당근, 커뮤니티 등 병행 홍보 루트 구성
- 필요 시 가격 조정 없이 일정만 조정하며 최적 매수자 탐색

잔여기간 6개월 이하
특징
- 계약 만료 임박 / 협상 기한이 짧음
- 매각 실패 시 철거 및 폐업 리스크가 현실화됨

전략
- 권리금 하향 조정을 통한 신속한 매각 유도
- 양수인 협상 시, 시설 인계 + 운영 편의 강조

- 당근 + 오픈채팅 + 창업카페 등 신속 접근 채널 우선 활용
- 매각 실패 시점 감안하여 철거 견적/사업 정리 일정 동시 진행

☑ 유형 ② 시설 상태(노후도)에 따른 정리 전략

시설 리뉴얼 3년 이내

특징

- 인테리어, 주방·집기 등이 양호한 상태
- 즉시 영업 가능한 점포로서 매각 매력 높음

전략

- 시설권리금 중심으로 가치 산정, 감가상각표 적용
- 레시피·고객 명단·운영 노하우까지 포함한 '패키지 거래' 제안
- 사진·동선·시설 상태 강조하는 자료 제작
- 구매자 입장에서의 활용성 강조 ("바로 장사 가능")

시설 노후 / 인테리어 5년 이상

특징

• 시설 경쟁력 낮음 / 집기 일부 노후화

• 권리금 산정이 거의 불가능하거나 무의미

전략

• 무권리 또는 소권리 매각 시도 (장비 일부 포함 조건으로 제
시)

• **철거 부담을 줄 수 있는 조건 설정** : "기기 가져가면 무권
리"

• 주방기기나 냉장고 등 재사용 가능 품목 중심 매각

• 철거 일정, 폐업 신고 일정 등을 동시 계획

☑ 유형 ③ 프랜차이즈 가맹점 정리 전략

특징

• 점포는 브랜드 이미지와 상품력, 운영 매뉴얼 등을 갖
춘 상태

• 권리금 구성 방식이나 매출 기대치 산정이 본사 자료에
의존될 가능성이 높음

- 가맹 계약상 해지/양도/폐점 관련 조항이 실제 현장과 다를 수 있음

전략

- 가맹계약서의 위약금 조항, 철거 의무, 양수도 제한 여부 등을 정밀 검토
- 특히 예상 매출액 과장, 고정비 미반영 등 사전 정보 오류로 인한 계약상 불공정 여부 확인
- 점포 양도 시 매출/수익 구조 등 독립적 자료로 신뢰도 확보
- 양수인을 직접 유치할 경우, 브랜드 이미지에 맞는 운영계획 자료 함께 제시

주의 사항

- 계약서상 '양수도 불가', '해지 시 위약금' 조항이 명시된 경우, 본사와 해지 협의가 필요
- 매출 보장, 입지정보, 예상 손익 자료 등이 허위이거나 과장된 경우, 공정거래위원회 고시 '가맹사업거래의 공정화에 관한 법률' 위반 여부 검토

- 가맹본부의 허위·과장 정보 제공에 대한 입증 가능성
  이 있을 경우, 공정위 분쟁 조정 또는 민사적 조치 고려
  가능

폐업 이후
재기 전략

"폐업했다고 끝난 건 아닙니다."

많은 사장님들이 사업을 정리한 후, 멍해진다는 표현을 한다. 권리금도 못 받고, 철거비까지 들고, 보증금 일부가 까이고 나면 '이제 뭘 해야 하나…'라는 생각이 멈춰버린다.

하지만 폐업은 끝이 아니라 '다시 시작할 수 있는 기점'이다. 이제는 단지 "가게가 안 됐다"는 경험이 아니라, 무엇을 하지 말아야 하는지 아는 사람이 된 것이다.

☑ 실패한 이유를 정리하는 것이 먼저다

재기의 출발은 "왜 내가 실패했는가?"를 명확히 인식하는 데 있다.

점검 항목

- **상권 분석** : 정말 이 위치가 내 업종에 맞았는가?
- **업종 선택** : 경쟁 과잉 업종은 아니었나? 진입장벽이 너무 낮지는 않았나?
- **고객** : 타깃층을 알고 있었는가, 확보하고 있었는가?
- **운영 관리** : 고정비 관리에 실패한 건 아니었는가? 인건비, 임대료, 원가?
- **마케팅** : 내가 한 홍보는 고객이 있는 채널이었는가?

정확한 진단이 없으면, 재도전은 또 같은 실패를 반복할 가능성이 높다.

☑ 재창업을 위한 준비 : 업종 선택과 초기설계

업종 선정의 기준

- **시장성** : 3년 뒤에도 이 업종이 살아있을까?
- **경쟁 강도** : 이미 동네에 너무 많은 업종은 아닌가?

- **진입장벽** : 누구나 할 수 있는 구조인가, 내 강점이 필요한가?
- **기술성** : 내가 이 업종의 프로세스를 이해하고 있는가?
- **회전율** : 자금 회수 기간이 짧은 구조인가?

☑ 취업 및 직무 전환 전략 : "사업보다 내가 먼저"

재기형 직업 전환 기준

- **내가 가진 기술은 무엇인가?** : 바리스타, 조리, 미용, 영상 편집 등
- **나의 라이프스타일은 어떤가?** : 주말 근무 가능 여부, 체력, 가족 여건
- **안정적인 수입이 필요한가?** : 월급 중심 안정성 필요 여부

전환 가능한 직무 예시

- **요식업 경력** : 급식업체, 조리보조, 메뉴개발자, 창업 강사
- **카페 운영** : 베이커리 매장관리, 식자재 유통업체, 커피 교육업

- **미용업** : 피부관리 학원 강사, 온라인 뷰티 콘텐츠 제작자

- **자영업 전반** : 자영업 컨설턴트, 상권 분석가, 유튜브 리포터 등

☑ 실패를 자산화하라 : 콘텐츠, 강사, 코치로서의 가능성

폐업 경험은 다른 예비 창업자에게 가장 생생한 교육 콘텐츠다. 실패 사례를 콘텐츠화하거나, 직접 강의/멘토링을 하는 경우도 많아지고 있다.

- **블로그/영상 콘텐츠 제작** : '폐업 전 알았더라면 좋았을 5가지', '초보 사장의 상권 실패기'

- **예비 창업자 멘토링** : 지자체 창업아카데미, 소진공 멘토 등 등록

- **강사 활동** : 기술교육원, 창업센터에서 실패 사례 공유 강의

실패를 '마무리'하지 않고, '말할 수 있는 경험'으로 바꾸는 것, 그것이 재기의 가장 구체적인 시작이 될 수 있다.

핵심 정리

1. 폐업 이후의 재기는 "왜 망했는가?"를 명확히 짚는 것부터 시작된다.
2. 재창업, 업종 전환, 취업 중 자신에게 맞는 길을 구조적으로 선택해야 한다.
3. 재창업 시 업종 분석 기준을 명확히 세우고, 초기설계에 투자하라.
4. 직무 전환은 경력을 활용한 새로운 포지셔닝 전략이 될 수 있다.
5. 실패 경험을 콘텐츠·강의·멘토링으로 전환해 '사회적 자산'으로 만들 수 있다.

정리 시점 판단과 타이밍 진단

"너무 늦기 전에 그만둬야 한다는 걸 알았습니다."

이 말은 대부분의 폐업 사장님들이 남기는 공통된 회고다. 하지만 '지금이 그때'인지를 알아차리는 건 늘 어렵다. 이 절에서는 점포 정리의 타이밍을 객관적으로 진단할 수 있는 기준을 제시한다.

☑ 정리 결정을 늦추는 심리 장벽
- **본전 심리** : "여기 들어간 돈만 얼만데…"
- **자존심 / 체면** : "내가 망했다는 말을 하고 싶지 않다"

- **희망적 사고** : "조금만 더 버티면, 언젠가는 나아질지 도…"
- **주변 시선** : "가족, 친구, 직원들에게 미안하다"

위 심리들을 넘어서기 위한 가장 좋은 방법은 수치와 객관적 기준을 들이대는 것이다.

☑ 점포 정리 타이밍 체크리스트

다음 항목 중 3개 이상 해당되면 '정리 타이밍' 검토가 필요하다.

체크항목

- 최근 6개월 연속 적자 운영 중이다.
- 주고객층이 이탈하거나, 입지 유효성이 현저히 저하되었다.
- 권리금 회수 가능성이 6개월 내 희박하다.
- 임대차 계약 종료가 6개월 이내다.
- 임대료 인상/재계약 거절 등 임대 리스크가 발생했다.
- 피로도 및 심리적 소진이 심화되어, 운영 지속 의지가 약화되었다.

- 재고/인력/운영상의 구조적인 문제를 단기간에 해결하기 어렵다.
- 사업 외의 대안(취업/업종전환 등)에 대한 구체적 구상이 있다.

→ **3~5개 해당** : 정리 전략 설계 시작 필요

→ **6개 이상 해당** : 즉시 정리 의사결정 및 실행 계획 착수 권장

정리 실행 시기 결정 시 고려 사항

변수	설명	대응 전략
임대차 종료일	보증금 회수 및 철거 부담 영향 있음	계약 만료 3개월 전부터 정리전략 실행
철거 공사 소요기간	최소 2~3주 / 견적 비교 필수	견적 시점 확보 + 주간별 일정표 설계
양수도 가능성	권리금 조정 여부, 시설 상태 반영	병행 전략 (양도 + 철거) 설계 필수
지원사업 신청가능 시점	폐업 전/후에 따라 수급 여부 갈림	일정과 절차 선행 검토 필수 (신청 → 진행 → 정리)

정리 스케줄표 예시

시점	항목	주요 내용
	점포 정리 의사결정	권리금 회수 가능성 및 폐업 가능성 비교 분석
	양수도 준비	브랜딩, 사진, 매출자료 정리, 중개사/플랫폼 등록
	철거비 견적 확보	2~3곳 견적 비교 / 계약 조건 정리
	매각/폐업 방향 결정	양도 우선 추진, 실패 시 폐업 진행 시나리오 확정
	철거업체 계약/일정고지	임대인 · 건물관리인과 일정 조율 포함
	폐업신고 예정일 확정	세무사 확인 / 부가세 신고 병행 준비
	철거/명도/폐업신고	보증금 반환 확인 및 정산 체크

핵심 정리

1. 정리 시점을 놓치면 손실이 커진다.
2. 감정이 아니라 객관적 수치와 일정표로 판단하라.
3. 정리 타이밍 체크리스트로 자가 진단하라.
4. '회복형'과 '손실 최소화형' 전략을 구분해서 적용하라.
5. 일정표와 변수 계산을 기반으로, 정리 역시 사업계획처럼 계획적으로 진행하라.

상권은 결국 사람 이야기다

《상권의 정석》이 세상에 나왔을 때, 저는 단지 실전 중심의 상권 분석 매뉴얼 한 권을 쓰고 싶었습니다. 수많은 실패와 상담, 현장에 있었던 사례들을 모아 '창업하기 전에 꼭 이것만은 알았으면 좋겠다'라는 마음으로 썼던 책이었습니다.

그 이후 수백 명의 소상공인, 창업자, 공인중개사, 정책 담당자들을 만나며, 저는 상권 분석이 단지 입지를 고르는 기술이 아니라, "어떤 삶을 어디에서 어떻게 살 것인가"를 설계하는 일이라는 걸 알게 되었습니다.

이번 《상권의 정석2》에서는 데이터보다 사람을, 매출보다 의도를, 위치보다 방향성을 보자는 마음으로 다시 한 글

자씩 썼습니다. 특히 제7장 '사업 정리의 정석'은 "매장을 정리하고 싶어도 나가지 않아 너무 고통스러웠다"라는 많은 자영업자들의 절실한 목소리에서 시작되었습니다. 이 2편이 그분들에게 실질적인 탈출구와 재기의 기회를 제공할 수 있기를 진심으로 바랍니다. 상권 분석은 이제 시작만이 아니라, 끝까지 설계할 수 있는 기술이어야 한다고 믿습니다.

상권은 결국 사람 이야기입니다. 지도 위의 숫자와 동선은 어떤 사람이 무엇을 소망하는지를 나타내는 하나의 궤적입니다. 이 책이 당신의 창업이든, 당신이 만나는 누군가의 재기든, 누군가의 사업 정리든, 그들의 이야기를 읽고 해석하고 설계할 수 있는 단단한 도구가 되기를 바랍니다.

당신이 이 책을 통해 당신만의 상권을 설계하고, 당신만의 길을 살아가길 바랍니다.

'자기 자신을 사랑하며, 믿는 대로 된다'는 영감을 주신 정동문 코치님과 벅찰 만큼 큰 사랑을 주는 어은정 소프라노님께 이 지문을 빌려 다시 한번 깊은 감사를 전합니다.

끝으로, 사랑하는 아들 회림에게 이 말 한 마디를 전하며 책을 마무리하고자 한다.

"회림아, 프로 가자!"

**100배 매출
초(超)돌파!**

살아남는 비법을 알려주는 임사부 창업 노트

임승현 지음 | 17,000원

**실전 경험에 기반한 사업 노하우!
빠른 실행력으로 무장한 창업 멘토의 조언!**

이 책 《살아남는 비법을 알려주는 임사부 창업 노트》는 그런 면에서 가장 단순한 창업의 지혜를 알려주는 모범답안이자, 가장 솔직하고 내밀한, 저자만의 가르침을 담고 있는 창업 안내서이다.
이 책의 〈제1장〉에서는 저자 임승현 사부가 어린 나이부터 사업에 미치게 된 이유와, 그의 최종 목표를 밝히고 있다. 〈제2장〉에서는 그가 창업을 시작하게 된 계기와, 특히 1000명의 사장을 만나 사업을 묻고 따지며 터득하게 된 사업의 본질과 핵심, 이를 통해 성공적인 창업을 이어가게 된 비법을 알려준다.

**월 1000만 원
수익 내는 ebay의
핵심 팁 37가지**

생초보 이베이 하루만에 끝장내기

금교성 지음 | 18,500원

**글로벌 셀러를 꿈꾸는 이들에게 제시하는
단단하고 믿음직한 기준점!**

이베이라는 플랫폼이 어떻게 돌아가는지, 어떻게 꾸준히 살아남을 수 있는지, 그리고 어떻게 한 계정을 성장시켜 하나의 '가게'로 키워갈 수 있는지에 대해 누구보다 오래, 누구보다 가까이에서 지켜보고 경험해 온 저자의 노하우를 지금 이 시점에서 다시 정리해 독자에게 건네는 이 책이, 2025년의 글로벌 셀링 환경에서 살아남고 싶은 모든 이들에게 현실적인 지도이자, 든든한 동료가 되어 다가갈 것이다.

100배 식당 장사의 비밀

이미나 지음 | 19,000원

열심히 일만 하던 맛집 사장님은 왜 망했을까?
매출이 아니고 이익이 중요하다!

그 식당 메뉴, 팔면
얼마 남을까?

식당의 절대법칙은 생존이다. 이익이 나지 않으면 살아남을 수 없는 대한민국 최대의 경쟁시장이 바로 골목식당이다. 이 책 《100배 식당 장사의 비밀》은 바로 그 전쟁터 속에서 허우적대는 골목식당 사장님들에게 건네는 《손자병법》이다. "나도 모르고 상대도 몰라 100전 100패"할 수밖에 없는 전투를 계속하고 있지 않은가? 그렇다면 지금 이 《100배 식당 장사의 비밀》을 펼쳐 들고 나의 장사를 되돌아 보자.

세금 모르면 해외구매대행업
절대로 하지 마라

서정민, 서정무 지음 | 18,500원

나의 회계사는 세금감면만 해주나요?
아니면 나의 사업 전반을 조언하는 멘토인가요?

똑같은 매출인데
왜 내 세금만
더 많을까?

극도의 경제불황으로 인해 N잡러들이 넘쳐나는 시대이다. 재고가 필요 없는 부담 없는 업종, 해외구매대행업이 소자본으로 시작하기 좋은 사업 아이템으로 각광 받고 있지만, 세금 문제를 제대로 처리하지 못한다면 번 만큼 세금으로 나가는 어처구니없는 상황이 발생할 수 있다. 이를 미연에 방지하고 사업 시작에 앞서 최적의 코칭 멘토를 만나고자 한다면 이 책 《세금 모르면 해외구매대행업 절대로 하지 마라》를, 그리고 서정민, 서정무 저자를 반드시 만나볼 것을 추천한다.